RECUERDOS DE TI

AUTOR:

ULISES SALVADOR SANCHEZ GONZALEZ.

MI BIENVENIDA:

Hola soy Salvador mejor conocido como Shava, el autor de este libro. Les cuento, este libro está lleno de poesía y sentimientos que en algún momento fueron correspondidos y otros más que solo se quedaron con dedicatorias especiales, siéndoles sincero algunos fueron creados para personas que me hicieron ver el cielo en ellas, aunque todo es fugaz, pero no todo es malo, la poesía en sí, es un deleite para mí, pues la pienso todos los días y solo necesito una chispa de sentimientos en mi mente y empiezan a fluir las palabras derramando versos, ya sea en una hoja de papel o directamente a mis notas, en este momento no estoy enamorado, ni dolido por amor, aunque mis versos derramen un sentimiento que para muchos es muy profundo, me gusta observar a las personas su vibra crea nuevas expectativas en mí, esto es algo muy importante, debido a que te muestra un poco más de ellas y te hace un poco más sencillo el escribir un verso, ya sea de amor cuando está contigo o desamor cuando se marche, bueno, sigamos con el libro, este libro se creó lleno de sentimientos, ya sea derrochando amor o llorando por partidas que no se esperaban, este libro está lleno de versos que te harán ver el amor y el adiós de una persona en otro punto de vista, ya sea sentir el sentimiento de alguien enamorado o la desdicha de un pobre soñador que cuando su persona se marchó solo se quedó sin palabras en la mente y ahora anhela su vuelta o el que nunca más regrese, ya sea porque esa persona se fue para nunca más volver o porque como todos sabemos, después del amor vienen sentimientos de frustración, de odio o solo de tristeza, pero en mí, en mí solo quedo un enorme hueco en el corazón que no se llena de versos, al contrario, expande más mi conocimiento para que fluya mejor mi sed por ellos y pueda escribir en cualquier momento, bien, ahora que saben un poco de lo que se encuentra en este libro, los invito a adentrarse y leer cada verso de este libro lleno de palabras que algún día tuvieron sentido en mí y también cada verso que dolió mientras se escribía, así que, bienvenidos.

RECUERDOS DE TI.
-SALVADOR SANCHEZ.

Recuerdos de ti, escritos llenos de sentimientos que seguramente te harán recordar aquellos días que con tanto sentimiento aun los llevas clavados en el alma y te encuentras guiado o segado por ese amor-odio que algún día creo fascinantes mundos en tus ojos o solo te dejo desdichado por su adiós.

AUTOR: ULISES SALVADOR SANCHEZ GONZALEZ.

RECUERDOS DE TI

Sé que dije que no volvería a escribirte, pero, necesito verte nuevamente en mi amanecer, necesito encontrarte en cada palabra de este libro que he escrito para ti, necesito recordarte tan hermosa y volverte a ver de nuevo con ese brillante resplandor que esta siempre sobre ti, porque en mi siempre estás tú, porque en mi vive tu ser, ese ser que no se marcha, aunque se me quebrante el corazón de tanto llorar por ti, ese ser que me hace suspirar tus recuerdos.

Encontrándome en este lago lleno de angustias recordé que lo que más quería en este mundo era vivir para ti, superando toda clase de pena me acerqué a ti para volver a suspirar lo que tanto ame algún día, rompiendo mi cordura por ti, sudando lazos de amor solo por ti, me encontraba perdidamente loco por la chica que hace que sus días sean mis días y hace que mi sed cese ante su presencia, una presencia tan pura, sin ningún mal sabor de boca, espero que algún día puedas volver a mí, pero, por ahora me encuentro viviendo de recuerdos en donde se encuentra plasmada siempre tu imagen y eso hace que siga amando tan perdidamente mis

recuerdos de ti.

-Salvador Sanchez.

GIRASOLES

Desde el amarillo brillante que resalta en ti, hasta el oscuro centro de tus ojos, siempre buscando el sol para vivir, pero viviendo para dar vida, girando para buscar los cálidos rayos del sol, coqueteando solo por tu resplandor.

-Salvador Sanchez.

AMOR EN TIEMPO DE PANDEMIA

Hoy me he enamorado de los ojos con los destellos más brillantes que he visto y iluminando mi ser me he acercado a ti.

- Preguntándome: "¿las diosas existen?", Y si no, "¿Desde qué trono ha escapado?".

-Salvador Sanchez.

AMARILLO

Un brillante amarillo resplandece en ti, un color único ante los ojos de todos, no dorado, no color oro, sino, un amarillo inigualable, un amarillo que toda la gente nota tan con tan solo verte pasar, un amarillo único en unos ojos tan brillantes como el mismo sol, un amarillo que te hace resplandecer aun en la oscuridad de esta enorme Vía Láctea.

-Salvador Sanchez.

ENAMÓRATE DE MI

Enamórate de cada centímetro de mi ser, déjame sediento cada vez
que te vea, ahógame con tu saliva derramando pasión por doquier,
porque me encuentro sediento de ti, quiero que seas siempre mía,
necesítame como tu respirar a diario, goza de mi aliento con tu amor
sin prejuicios, llévame a la luna y déjame ahí si no quieres más
nada, llévame a cruzar el mar corriendo con tu resplandor o
ahógame en esta pila de emociones que brillantes se volvierón mi
agonía a diario.

-Salvador Sanchez.

TÚ

Podría jurar que nadie te volverá a mirar con esos brillos en los ojos llenos de amor como lo hacía yo, porque tu piel de hermosa ceda está cubierta y la lana se queda muy por debajo de lo complaciente que es abrazarte, porque en ti encuentro esa confianza que solo tú me sabes dar, porqué de que sirve fumar cuando estoy contigo si eres tú la que cura esta maldita ansiedad, y tranquilo de mi me regocijo en ti por ser la más hermosa entre las mujeres y la más brillante entre la luna y las estrellas, porque tú eres la que hace bailar al mar y a tu lado se siente la brisa caer aunque el mar este a kilómetros.

-Salvador Sanchez.

QUIERO VER

Quiero ver ese arcoíris de palabras que salen de tu boca cuando dices mi nombre, el brillo que crean tus ojos cuando volteas a verme, las constelaciones en tu rostro llamada lunares, son cosas tan sencillas en una persona, pero en ti, en ti son espectaculares y es que ninguna persona le contagia una sonrisa a otra a través de una mirada, como lo haces tú conmigo y es que nadie tiene el dulce sabor de tus besos que me da la tranquilidad que el tabaco solía darme, el como me miras es increíble porque podría perderme en ti mientras lo haces y es que nadie te va a querer tanto como lo hago yo y creo que nadie tendrá la misma sonrisa que se crea en mi rostro al verte y mis mismas ganas de contigo hacerlo todo.

-Salvador Sanchez.

TU MIRAR

Al notar que tu mirar puede deslumbrar y que la luna tenía envidia
de tu brillo, mire en cielo un tanto feliz recordando tu rostro, el
rostro de un ángel tallado por los mismos dioses, los cuales ocultos
se dierón a conocer solo para arrodillarse ante tu presencia y al
notarte quede enamorado de ti.

-Salvador Sanchez.

SOLO

Por ti bajaría el cielo a tus pies y el sol sería nada con el resplandor
que tú derrochas, gózame después de sucumbir ante tus encantos
que cuando esta pasión empiece, ya más nada podrá detener mi sed
por ti, siénteme tan cerca de ti en el rincón de aquel gran amor que
siento solo porque tu mirar crea mi cielo.

-Salvador Sanchez.

MÍRAME

Sacia mi sed de versos, déjame ver que fluye por tu ser, déjame ver que es lo que sucede en tu mente, mírame y dime que me amas, mírame y dime que eres tú la que cantara y dictara impactantes relatos cada noche, dime que eres tú la que me llevará al paraíso, pero no lo digas por compromiso, dilo porque quieres llevarme al lugar donde la tierra se vuelve tan pequeña a comparación de tu amor, llévame al lugar donde el edén es más nada comparado con el estar a tu lado, llévame donde las escrituras se vuelven fantásticas, llévame a donde el solo escuchar tu voz me haría feliz, déjame tocar tu cabello una vez más, déjame sentir que me amas una vez más, llévame una vez más al tan frío pero tan excitante edén de emociones que crean tus palabras al escucharlas, llévame una vez más al cielo con solo un beso, llévame a donde nada tiene sentido si no es contigo, llévame a tu lado siempre.

-Salvador Sanchez.

TE PROPONGO QUERER QUERERNOS SIEMPRE

Hoy desde este sencillo escrito te propongo querer querernos siempre, porque tu belleza deslumbra cuando despiertas y cuando caminas derrochas kilos de brillantina carmesí, porque el rojo es tu color, un rojo intenso con el que sería fácil seducir a cualquiera, porque tu mirada perfora mi alma, porque no cualquiera te mira con esos brillos en los ojos y yo tan intenso y lleno de nervios por estar a tu lado solo quisiera lanzarme a ti y besarte perdiéndome siempre en ti.

Sería un honor el estar a tu lado por ser tú el vicio que me llevo a la perdición de este gran y tan hermoso paraíso, porque solo eres tú la que me sabe guiar aun en este bosque lleno de oscuridad, porque eres tú a la única que amo.

-Salvador Sanchez.

EL CIELO LO ENCONTRÉ EN TI

Regocijado en tu presencia pensando en tu amor me pregunte si eras real, pues haces que mi cabeza explote con un beso, puesto que tu carne me vuelve loco, mirándote a los ojos descubrí el paraíso, los cisnes brotaban sobre ti como la octava maravilla vuelta carne, tu parpadear daba paso a mi aliento y tu sonreír la felicidad para mi día a día, encontré a la persona con la cual sé que la carne se complementa encontré a la persona por la cual sé que el cielo es para todos, aun siendo pecadores.

-Salvador Sanchez.

ME ENAMORÉ DE TI

Me enamoré de alguien que me hizo tocar el cielo con tan solo verla de lejos, una de esas personas que crees encontrar en un millón, la persona que hace temblar a la luna sin verla reflejada en el mar, la persona que te da luz incluso a media noche, la que alinea las estrellas y las hace de igual manera fugaces, el platillo que todo mundo necesita para calmar su hambre, encontré el néctar divino vuelto un ser.

-Salvador Sanchez.

QUIERO

Quiero tener tu aroma cada vez que nos veamos y mientras me arrullo con tu voz observar el paisaje como acuarelas.

Mientras tú me llenas de amor subir al cielo con tus besos y sentirme yo contigo a mi lado, escaparnos donde sea, mientras sea contigo, vivir esta y mil vidas contigo, porque separarme de ti, ¿por qué lo haría?

-Salvador Sanchez.

ENAMORADO DE TI

Estoy tan enamorado de ti, de la persona que me has convertido, porque cuando pienso que estoy cayendo, siempre estás tú para decirme: "vamos, yo sé que tú puedes".

Y sabes, eso me llena de tanto valor que cruzaría el río con la corriente más brava sin pensarlo solo por ti.

"Y yo nunca aprendí a nadar".

-Salvador Sanchez.

LEGASTE A MI

Llegaste a mi vida y es como si de ti se tratase el mundo, como si fueses tú la que tiene el pincel que pinta mi futuro y el borrador que borra mi pasado, como si mi historia se tratase de ti y no de mí, porque tú provocas felicidad y angustia, porque el pensar en perderte provoca mi más grande miedo y el verte a mi lado mi más grande felicidad, llegaste a mi y en efecto, de ti se trata mi mundo.

-Salvador Sanchez.

TRATANDO DE BRILLAR

Y ahora que estoy perdido en ti, toma mi alma para después recorrer todo el mundo solo con un beso, porque tu mirada penetra en mí, ¿por qué como no soñar contigo siendo tan hermosa?

y tratando de llegar a tu lado siendo yo la nada y tú la galaxia entera, estoy decidido a brillar más que el mismo sol solo para estar al lado de la mujer que tiene estrellas como lunares.

-Salvador Sanchez.

EL GLORIOSO UNIVERSO DE TU AMOR

El resplandor se dio a notar en mi después de enamorarme de ti, el resplandor me hizo entender que el tener era el amarte y el amarte no era nada sencillo, hoy me he enamorado de el mismo amor vuelto persona, yo, una alma que apenas encontró su resplandor, pero con las ganas de amarte más de lo que sol ama luna, jurándote que siempre tendrás el mismo amor que derroches de mi parte y el mismo calor de un abrazo con tan solo verme a los ojos, los ojos que solo se perderán por ti, en este glorioso universo de tu amor.

-Salvador Sanchez.

BESO

Solo basta un beso para quedar a tu merced, solo un beso y ya estoy suspirando tu amor toda una vida, solo basta un beso para enamorarme de ti, solo un beso para volver a ser yo, bésame mientras la poesía fluya en mi, bésame ahora que estamos junto al mar, bésame ahora que estamos bajo la luz de esta, mi hermosa luna resplandeciente, dame un beso para poder jurarnos amor en los amaneceres, bésame para poder vivir por siempre de tus besos y no sediento de ti, bésame para poder ser por siempre tu eterno gran amor, jurémonos amor sellando este pacto con un beso, bajo la obscuridad de esta hermosa noche estrellada.

-Salvador Sanchez.

ES IMPOSIBLE

Quisiera estar en la orilla del mar junto a ti, para decirte que cuentes los granos de arena que están en el suelo y tú me digas: "eso es imposible", para yo decirte: "el dejarte de amarte también lo es".

Y bailar toda la noche escuchando esa hermosa melodía que hacen las olas al chocar una con otra, esa que sólo tú y yo sabemos apreciar tanto y tan bello.

-Salvador Sanchez.

UN AMOR RECÍPROCO

Buscando encontré lo que tanto anhelaba, un amor recíproco que me hace ver las estrellas tan brillantes, un amor recíproco que me hace creer en ella, encontré a la persona que hace al mundo detenerse cuando me besa y sin gravedad alguna me detiene en sus brazos, encontré a la persona que me hace ver al cielo con distintos ojos, la persona que me hace ver la verdad en su rostro, la persona que me tiene encadenado a ella sin hechizo alguno, so por su encanto, encontré a la persona que me quiere hacer quererla siempre.

-Salvador Sanchez.

DIME QUE "ME AMAS"

Mírame, dime ¿Qué pasa?, no prometas nada porque no hay un para siempre, talvez sólo sea el momento de querernos, tus besos reflejan que me quieres a tu lado, pero eres fría, no dices te amo, sólo me observas y muero al verme reflejado en tus ojos, ¿eres la persona que he estado esperando todo este tiempo?, no, no respondas, que el tiempo lo hará por nosotros, pero créeme, si eres esa persona te daré lo mejor de mi sin pensarlo, los momentos a tu lado serán inolvidables y te amaré hasta morir, solo dime que "me amas" cuando lo sientas.

-Salvador Sanchez.

ARRODILLADO ANTE TI

Y aunque a diario podría mirar la luna más hermosa, yo sigo viendo tus ojos tan fascinantes que me tienen arrodillado ante ti, porque ninguna otra persona tiene constelaciones en sus ojos, porque ninguna otra persona me podría enamorar como tú.

-Salvador Sanchez.

ABRAZADO A TI

No quiero esto solo de un rato, no quiero tenerte en este momento porque ya no te desearía el resto de mi vida, déjame desearte y enamorarme cada día más de ti, déjame pensarte y admirarte a diario, tan solo déjame vivir siempre abrazado a ti.

-Salvador Sanchez.

DÉJAME VIVIR DE TI

Déjame observar tu arte que quiero perderme en ti todos los días, déjame mirarte a los ojos que quiero ver constelaciones atreves de ellos, deja de cubrir tus pecas con maquillaje, ¿por qué a quien no le gustarían verlas?, déjame darte todo de mí y si gustas podría tomar un poco de ti, déjame sonreír a tu lado, déjame encariñarme a tu lado, en sí, déjame vivir de ti.

-Salvador Sanchez.

NOCHE ESTRELLADA

Entre las pinceladas de esta hermosa pintura te encuentras siempre tú, dándote a notar más que cualquier estrella en esta hermosa noche, llévame a los ciprés de emociones donde se alojan nuestros pensamientos, llévame hacia donde se encuentra la luna detonando su grandiosa belleza suspirando tu aroma a diario, llévame hacia donde la noche se refleje en tus ojos y las estrellas alumbran esta hermosa noche estrellada.

-Salvador Sanchez.

SI ES A TU LADO

Te buscaré en el destello de este resplandeciente amanecer que yo por ti sabré esperar este y mil veranos, te buscaré solo por volver a estar junto a la persona que crea figuras sobre mi alma y me vuelve loco solo por existir, te buscaré siempre porque esta vida solo es maravillosa si es a tu lado.

-Salvador Sanchez.

MI AMULETO DE LA BUENA SUERTE

Desde esta nota te digo lo hermosa que eres, porque no hay persona en el mundo que se llegue a comparar contigo, porque desde el café glorioso que se encuentra en tus ojos es hermoso, hasta el como sonríes que me llena de alegría, porque todos van por el mundo buscando un amor y yo sin buscarte, te encontré y ahora no te puedo sacar de mi mente, porque la vida te trajo a mí para bien y ahora siendo tú mi amuleto de la buena suerte te llevare a donde quiera que me encuentre.

-Salvador Sanchez.

TUS CANCIONES

Pudiste olvidarme tan pronto, pero cada *viernes 13* recordarás mi amor, pudiste dejarme ir sin más nada, pero cada que *mires **amarillo** (yellow)* extrañaras el rostro que con tanto amor te miraba en aquellos días, miraras *la ciencia (the scientist)* y recordarás mi ser lleno de *químicos* por ti, me recordarás en cada letra de este maravilloso *amor violento,* porque este escrito lleno de palabras solo tu podrás comprenderlo con tanta tristeza, *brillas* tal y como cuando te encontré, *locos* de amor por el mundo pensábamos comprar *ropa de bazar* en cualquier parte, y aunque el último *beso* bajo la luz de *la luna* quedó plasmado en mi ser, recuerda que aunque fui un idiota *siempre estoy pa' ti* y *es que yo te quiero a ti* a mi lado *una y otra vez,* quisiera en este momento estar *abrazado a ti* pero el destino nos jugó mal y ahora solo somos un *colapso, fuera del planeta...*

-Salvador Sanchez.

LO MEJOR LO TIENES TÚ

Me enamoré de esos ojos color miel que no puedo tener más, de sus labios que si hubiese estado enterado que sería la última vez que los besaba no los habría soltado jamás, me enamoré de su piel, me enamoré de su sonrisa que me volvía loco, en sí, me enamoré de ella, porque nadie se le compara, porque el dulce olor de su cuerpo ni el perfume más costoso lo tiene, porque eres un poema y yo un poeta loco que podría admirarla siempre.

-Salvador Sanchez.

CONSTELACIONES

En tus ojos las constelaciones enteras pude notar al saber que estaba enamorado de ti, ante ti me encuentro el día de hoy rogando tu vuelta, esclavizado por unos ojos que no tienen igual, con una sonrisa detallada por un par de labios y con unos pequeños dientes, sonríeme aún después de mi partida, pues yo sabré alucinar los versos que más convengan solo con recordarte, sonríeme para que pueda perderme en esa tu pequeña galaxia, en los ojos de ti, mi gran perdido amor.

-Salvador Sanchez.

Y EL VERTE SIEMPRE AQUÍ

Y es que no eres igual a ninguna otra persona, porque el hecho de mirar las estrellas y pensar en ti no tiene comparación alguna, porque cuando pasa algo eres esa primera persona con la cual quiero contar, porque aún bajo el sol resplandeces todo a tu alrededor, eres el agua en el desierto de mi agonía, la soga que me ayuda a salir del pozo, la mano que me saca del mar cuando me estoy ahogando, eres mi todo, porque el vivir no sería igual sin ti, porque una vida no tendría sentido si no es a tu lado, porque tus besos son el café que me despiertan cada mañana y tú el motivo por el cual mi corazón sigue latiendo y el verte siempre aquí no tiene comparación alguna.

-Salvador Sanchez.

CAPULLOS

Capullos de flores explotando solo por ti, te encontrabas naufraga entre campos de girasoles que te seguían solo por tu resplandor, el resplandor que el mismo sol envidiaba, teniendo más calidez que el mismo verano los frutos caían a tu alrededor, pues todos querían ser besados por la chica que derrochaba néctar con su caminar, eres tú el abrigo que todos necesitan por las noches, note tu presencia un día andando por mi surcos y notando que toda la siembra se encontraba enamorada de la chica que crea vida con solo existir, mi tarea nunca más fue el campos, si no vivir para adorarte.

-Salvador Sanchez.

SOLO POR TI

Pidiendo beber el dulce fruto de tus labios morí al corromper tu palabra, me encontraba sediento de tu néctar y tenía que bajar la montaña para alcanzar las nubes, pidiendo el tener alas para volar me encontraba ante tus pies sediento de ti, me encontraba viviendo aunque dolía, suena loco pero pedía el morir para vivir a tu lado, tomando tu voluntad como mi bebida favorita me di cuenta que eras tú el fruto prohibido, viviendo a tus pies encontré mi luz en una cueva y aunque en este momento el cielo se encuentre opacándote con su resplandor, aun me encuentro viviendo solo por ti.

-Salvador Sanchez.

TRÁTAME

Trata de buscarme en la otra vida que la juventud es solo un paso para enamorarnos, trata de viajar en mis pensamientos que yo por tu fabulosa sonrisa siempre te tendré en mi mente, trata cada vez que puedas conocerme una vez más, puesto que la vida suele irse, pero nadie sabe si regresará, trátame como lo mejor de tu mundo, trátame como tu primer gran amor.

-Salvador Sanchez.

LUZ

Entre pétalos de girasoles siempre deslumbrabas tú, dándote a notar como un ángel sin alas pero deslumbrando todo como el mismo amanecer, los capullos explotaban dando a notar su hermosa flor solo para darle paso con su luz, a la misma luz.

-Salvador Sanchez.

SOLO ERAS TÚ

Cariño me he quedado a tu merced desde que probé tus labios, desde que descubrí que tu aroma se quedó plasmado en mí, quedé enamorado de ti, desde que me perdí en tus gloriosos ojos descubrí constelaciones nuevas de estrellas, desde que probé el dulce sabor a miel de tus labios, se llenó mi alma, porque desde que me perdí en ti tuve la sensación del amor mutuo y la idea de que el querer era en mi vida tan necesario como el respirar y me enamoré de ti mientras tú, solo eras tú.

-Salvador Sanchez.

MI GRAN AMOR

Después de verte el arte no era tan fantástico como lo es tu rostro y la poesía no tenía palabra alguna para describirte, con tus ojos me mostraste el paraíso, mientras que tus labios me llevaban al rincón del infierno, con tus manos mostrándome lo cálido que puede ser el querer, tu aroma a gloria se quedó impregnado en mi, el querer estar contigo para amarte y no por el sentirme vivo me dierón las ganas de querer ser tú, solo por lo fascinante que es tu ser, ese ser que te volvió mi gran amor.

-Salvador Sanchez.

TE SOÑE

Instintivamente había soñado tu presencia desde hace tiempo, instintivamente desperté pensando en tu presencia, a mi vida llego un maravilloso amor que no había de encontrarse en ningún otra parte, despertando mi sed de buscarte, un maravilloso café encontré en tus ojos, este mismo me hizo perderme y perdido encontré lo que era el amar en ti, estaba loco antes de conocerte, pero al probar tus labios encontré la cordura, porque la razón solo la tienes tú.

-Salvador Sanchez.

PERDIDO EN TI

¿Por qué no puede sacarte de mi mente?, acaso eras tú el fruto prohibido y yo al besarte quede atado a tus encantos y rendido a tus pies o talvez solo eres tú la que hizo que me enamorada tan perdidamente de ti con tu resplandor, ese resplandor que brilla más que el mismo sol, ese resplandor que me dejó perdido en ti.

-Salvador Sanchez.

UN SIMPLE POETA

Ella era poesía y yo un simple poeta aficionado al arte de cada uno de sus versos y el como cada una de sus palabras me hacía sentir vivo.

-Salvador Sanchez.

NOTE

Note que la vida no era solo fantasía, deshaciendo un arcoíris por tomar tu color favorito, note que el amarillo era tu color, herví mi sangre miles de veces para tener la temperatura perfecta solo para darte calor en los inviernos, a tu lado note que mi vida se encontraba llena de lagos de juventud, estuve toda mi vida con sed de victoria, esa sed que calme cuando te conocí, después de todo noto y tengo bien en claro que la nada que es mi vida se vuelve todo cuando estás tú.

-Salvador Sanchez.

DE MI, SIN TI.

Hoy estuve cuestionándome todo lo que hice por mi y, todo lo que de mi te di, seguro estoy de que sin ti estoy mejor, escribí poesía sin parar por días, logré conocer nuevos rumbos y llenarme de pasión por el arte que tú no podías notar, estuve días y días sin ti, de mi me encontraba perdido, loco y sin razón alguna, aturdido, estuve cuestionándome lo que en verdad era el arte, amarte no lo era, estuve fuera de mi, sin ti, porque nunca me había enamorado, estuve lejos de mi, sin ti y nunca jamás había visto que perdido encontré mi felicidad, estuve escondiéndome de mi, sin ti, cuando tú en realidad no eras nada sin mi.

-Salvador Sanchez.

TUS SUSPIROS SOFOCANTES

Tus suspiros sofocantes rodeando cada beso, el querer ahogarme con tu lengua mientras nos besamos que crea las preguntas en mí, la sed que provoca el querer seguir, sigo arrodillado, sigo sediento de ti, sigo creyendo en ti ahogándome con cada beso que me das para poder definir lo que es el amor arrodillado a tus pies, me di cuenta andando por los surcos de este limbo que la muerte no besa igual que tú, después de ello me di a la tarea de volver de la muerte solo para volver a probar tus labios una vez más y ahora estando a tu lado mi promesa será que mis pupilas explotaran siempre al verte y yo volvería de la muerte siempre que necesite tus besos.

¿Quien diría que tus suspiros sofocando cada beso me harían volver de la misma muerte?

-Salvador Sanchez.

ERES

Eres tan importante para mí, porque el estar contigo me provoca una sensación de felicidad, pero el estar sin ti me provoca tristeza, dolor, angustia, todas las noches miro las estrellas pensando en ti, me gusta callarme cuando escucho tu voz porque es como si escuchara una hermosa melodía, el estar contigo es como si me llevases al cielo con un beso y al infierno con un adiós, es una terrible sensación el tan solo pensar en perderte y una inexplicablemente hermosa el tenerte a mi lado, eres como el mar, solo yo puedo escuchar esa hermosa melodía que tú emites al moverte, y el mirarte frente a mi no tiene comparación alguna porque eres lo que siempre soñé.

-Salvador Sanchez.

TENGO MIEDO

Tengo miedo, miedo de mirar tus ojos y no sentir esa magia que me
enloquece, miedo de no sentir ese sentimiento de emoción que
siento cada vez que me besas, miedo de ya no estar enamorado de ti,
miedo de decir un "ya no te amo", miedo de que esa sonrisa tuya
que le da color a mis días solo sea una sonrisa más, la cual yo vea y
simplemente ignore, simplemente tengo miedo,
miedo de no amarte, miedo de no sentir ese sentimiento que sienten
los enamorados, miedo de mirar las estrellas y solo notarlas como
simples luces en el cielo, miedo de perder tu linda mirada y que sólo
seas una persona más en este enorme mundo.

-Salvador Sanchez.

SOLO POR TU RESPIRAR

Me perdí en esos labios color carmesí que tanto amaba ver, el sabor
de la felicidad se encontraba en ellos, el sabor de la derrota también
encontré en ellos.

Porque perdido en ellos sabía lo que era amar, pero no el ser amado,
entonces arrodillado frente a ella, jure que rompería el nada es para
siempre para amarle por siempre.

Entonces encontré la luz que ella necesitaba para brillar apagando la
mía y oh que dulce sabor tiene el escepticismo, pero el creer en ella
es algo aún más satisfactorio.

Nadie podrá mirarte con esa mirada llena de amor que yo tenía
cuando me perdía en ti, porque nadie nunca se enamorará de ti
nunca.

O no almenos como lo hice yo.

-Salvador Sanchez.

LA SONRISA QUE ME LLEVA AL CIELO

Eres tú la única persona con la cual yo estaría feliz aun en una sequía, eres tú la única persona que esta y persiste siempre en mí, eres mi loto, eres mi viento en las mañanas, el aire que brota por mis pulmones, eres todo lo que amo porque eres todo lo que necesito, con tu mirar tan dulce y tu sonrisa que me lleva al cielo cuando se dirige hacia a mí, me enamoro cada vez más de ti con tan solo una frase de tu boca, cada día que te tengo entre mis brazos soy maravillosamente feliz porque con solo un simple abrazo quitas todos los pesares que tengo en mi, porque con un beso no existen las dudas por que contigo lo tengo todo, incluso tu sonrisa que me lleva al cielo.

-Salvador Sanchez.

ENTRE PÉTALOS

Entre pétalos de girasoles te adoraba a diario con todo mí amor, mi amor, pero ahora que ya no estas, marchita se encuentra nuestra despedida entre hojas de invierno y recuerdos de mi vasto amor, te aleje al igual que todo en mi vida, te hice odiarme como lo planeé, para después rogar tu amor como ya me lo imaginaba, perdido me encuentro en este bosque lleno de amargura desde que ya no estas y es buena mi soledad, me hace comprender todo lo que realmente eres y todo lo que realmente no me dabas.

-Salvador Sanchez.

ENSÉÑAME

Enséñame a querer, quererte tanto, muéstrame tu arte y yo te mostraré mi poesía, enséñame a amar y yo te amaré por siempre, enséñame a esperar y te esperaré mil vidas, bésame y tus labios serán los únicos que probaré hasta la muerte, dame de tu néctar que estoy sediento de ti, dame un poco de tu tiempo que quiero estar contigo, dame una vida y la viviré a tu lado, dame un poco de tu ser, ese que a mí me hace ser, porque sin ti, yo no soy nadie, porque sin tu brillo, no soy yo, porque sin ti, no estoy completo, así que, enséñame a querer, quererte tanto.

-Salvador Sanchez.

MI SENDERO A LA FELICIDAD

Desde que mire el sendero en tus ojos encontré esa luz, la luz que me guía a la felicidad y recorriendo todo tu cuerpo con mis dedos transite lugares que inferiores ante tus ojos, mis dedos los dibujarón alucinantemente hermosos, desde las pecas que alumbran tu rostro hasta el olor que tu cuerpo emana me vuelve loco, lleno de satisfacción con tu cuerpo bañado en gloria encontré como mi corazón lo tenías solo tú, es fascinante sentir como recorren mis manos tu cuerpo y el como nuestro besos van aumentando la velocidad con la adrenalina que solo tú me sabes dar, donde solo por tu mirar me tienes atado ante tus pies, en donde solo por un beso me tienes enamorado por siempre de ti.

-Salvador Sanchez.

TE QUIERO

Te quiero en mi amanecer, quiero tenerte en mi pecho y sentir lo que es la gloria, hacer el amor sin tocarnos los cuerpos, solo congeniar mente con mente, quiero ser tu todo cuando no sea nada, quiero suspirar tu aroma a diario como si fueses el aire fresco del que se llenan mis pulmones cada mañana, quiero sentir tu presencia, aunque estés a kilómetros de mi, quiero ser la noche que te abraza cuando tengas miedo del mañana.

-Salvador Sanchez.

PERDIDO Y LOCO

Por fin entendí cuan maravillosa era mi vida cuando recordé tu rostro e inhale tu aroma con tan solo escuchar los versos de aquella canción que sonaba en mi cabeza la primera vez que te mire frente a mí, sé que no se vive de recuerdos, pero los recuerdos vivirán para siempre en mí, porque ahora que estoy perdido y loco al menos te puedo alucinar por aquellos recuerdos, porque ahora que estoy perdido y loco, ya no te busco más, pues siempre esas junto a mi.

-Salvador Sanchez.

TU COLOR

El amarillo nunca fue mi color, pero te conocí y entonces los girasoles tomarón vida, en mi vida y la vida se volvió menos aburrida notando tus colores a diario.

Comprendí que el gris no era tan llamativo, tome consuelo en ti y la luz tuvo nuevamente lugar en mis pensamientos, haciéndose notar como la luna en medio de la noche y ahora a diario sonrío como un niño en navidad, solo porque tu color cambió mi vida.

-Salvador Sanchez.

SOLO TÚ

Solo tú tienes el arte de calmar las cosas, solo tú puedes hacer que me duela el alma, solo tú puedes sentirme, sentirme cerca de ti, tú tan bonita que mi corazón es tuyo, tú tan maravillosa que mis pesares desvaneces, parece que la vida no se aparece, desapareces con el aire, apareces con la luz, el brillo en mis ojos solo lo das tú, parece que eres para mí, parece que soy para ti, derrochando amor por doquier volví a la idea de buscarte, buscarte en lo más adentro de mí.

-Salvador Sanchez.

EL PRINCIPIO DEL TODO

Para que esta triste noche no nos mate de soledad, amarte por siempre, eso lo haría sin cesar, quererte y besarte hasta el despertar, ese sería mi sueño ideal.

Huiremos de todo el mundo tú y yo, puesto que, si nos tenemos el uno al otro, ¿quién contra nosotros?, seremos como el yin yang juntos hasta la muerte, aunque tú seas luz y yo oscuridad.

-Salvador Sanchez.

PROMESA

En donde los besos te dejen el dulce sabor de la miel y donde las horas se vuelvan minutos, ahí es, porque no todas las personas te hacen ver todo a color y no todas las personas extrañan tu ser al poco tiempo de irse, porque viviría para ti siempre y cuando tú me hagas tocar el cielo con tus besos y me permitas admirar la gloria en tus gloriosos ojos, esa es la promesa de un simple poeta enamorado de sus versos.

-Salvador Sanchez.

ERES COMO LLUVIA EN VERANO

Eres como lluvia en verano, nadie se lo espera pero llegas de la nada para dar vida a la vida, llegas para pincelar todo de colores y dar alegría a donde todo estaba muerto, llegas y arrasas con todo con unos ojos que hacen estremecer a cualquiera, llegas y das vida a las flores que se marchitarón por el olvido, llegas y el cielo vuelve a tener color, eres como agua en el desierto de la agonía, sabes curar de golpe una herida del corazón con las vendas de amor que derrochas, eres como una lluvia en verano, dando alegría a las flores que sedientas por el sol abrazador, solo vuelven a florecer por tu resplandor.

-Salvador Sanchez.

YA NO SIRVE DE NADA

Es impresionante el hecho de que tu partida abrió más mi imaginación, hacia la escritura de este, tu adiós, pero es aún más impresionante el pensar en que después de todo te sigo amando, el reprochar tu partida ya no sirve de nada, después de todo ya no volverás jamás a mi lado y aunque mi campo de girasoles se marchite poco a poco, ya no lo regare con aquel gran amor que sentía por ti.

-Salvador Sanchez.

PA' TI

Te quiero para mi, porque no hay otra persona en el mundo con esos ojos y esa sonrisa tan brillante, como lo es la tuya, porque desde el café de tus ojos es hermoso, hasta el como sonríes aun enojada, porque la vida te trajo hasta aquí para que estuvieras a mi lado, porque es sorprendente el escuchar tu voz y brillante el poder verme reflejado a diario en tus ojos llenos de amor.

-Salvador Sanchez.

ERES TÚ

Eres tú la que provoca los escalofríos en mi piel, eres tú la que me hace pensar todo el día en su rostro, eres tú la que hace bailar al mar, eres tú la que me llena de alegría, la que si no está la necesito, eres tú la que me hace llorar y sonreír, eres tú la que hace llenarme de alegría, eres tú la que me enseña que mi vida no sería maravillosa sin ti a mi lado, eres tú mi rayo de luz, eres tú mi resplandor divino, porque eres tú la que me hizo conocer el verdadero amor.

-Salvador Sanchez.

ANTES DE QUE

Bésame antes de que los girasoles se marchiten, bésame antes de que el agua se evapore, pruébame antes de que la caña pierda su dulce sabor, mírame antes de que el cielo pierda su color, porque si el cielo se vuelve gris, la lluvia caerá rápidamente, tómame en tus brazos porque si no encuentro tu calor moriré de frio y por ultimo abrázame porque se y reconozco que eres tú el cálido abrigo de todo mi amor.

-Salvador Sanchez.

AMARTE

Amarte una eternidad lo haría sin dudarlo, estar a tu lado por siempre sería un honor para mí, sería la luz que te guía a través del sendero en aquella noche de oscuridad, el faro que guía tu barco cuando las aguas están bravas y la niebla muy espesa, quisiera ser esa persona que está contigo en las malas y peores, en las buenas no se diga más y si tropiezas levantarte de inmediato y si no quieres parar, caer contigo, para recuperarnos juntos.

-Salvador Sanchez.

TU CAMPO DE GIRASOLES

Encontré girasoles adornando mi vida cuando note tu presencia, entre campos de girasoles siempre estas tú, buscando el sol para brillar, buscando el viento para vivir, note que no solo eras un hermoso adorno de vida, en mi vida, note tu presencia llena de esencia cuando tú, solo eras tú, note que el hambre se saciaba con solo tenerte a mi lado, note que la vida tuvo nuevamente color cuando solo te mire a los ojos y me perdí rápidamente entre este, tu campo de girasoles.

-Salvador Sanchez.

TUS GLORIOSOS OJOS

Tus ojos claro que son diferentes a los de las demás, porque tienen esa chispa que provoca perderme en ellos, tienen tu pestañar tan coqueto que no puedo dejar de suspirar cada vez que pienso en el, tienen el ticket de entrada al paraíso y las escaleras hacia el infierno a la vez, tus ojos tienen el glorioso café que me da miedo no tenerlo, el hecho de el como me reflejo en ellos y brillan cada vez que me ves es algo sorprendente, que me da terror el solo pensar en no volver a verme reflejado en ellos y esas son razones por las cuales unos ojos que pueden ser comunes para los demás, se convierten en unos ojos gloriosos para la persona adecuada.

-Salvador Sanchez.

ES IMPRESIONANTE

Es impresionante el como me miras y me llenas de calor con un beso, porque el hecho de que tu sonrisa sea provocada por mí es increíble y aún más si me tomas de la mano, porque contigo me iría a donde sea y tus labios me podrían llevar a donde quieras con un beso, porque tu mirada me llena de felicidad, porque eres tú la que cura estas malditas ansias, eres tú la que me llena de amor y cariño, eres tú la que simplemente no necesita ser nadie más, para enamorarme todos los días y eso es impresionante.

-Salvador Sanchez.

ME ENCANTAS

Me encantas porque no necesitas hacer grandes cosas para enamorarme, tu sencillez y carisma son motivos para quedarme y sabes, solo tú haces que las pequeñas palabras se vuelvan gigantescas con solo verme a los ojos.

-Salvador Sanchez.

SIN TI A MI LADO

Buscando en los cráteres de este infinito amor encontré la felicidad en este hermoso lugar que me tiene de rodillas frente a ti, pero, ¿cómo llegue aquí?, ¿acaso ya no importa mi orgullo?, en estos cráteres encontré las respuestas a todas mis preguntas y entendí que mientras siga viendo fijamente tus ojos el orgullo solo es una simple palabra, que mientras siga viendo tus lunares brillar como constelaciones seguiré atado a ti, puesto que, ¿qué significado tendría mi vida sin ti a mi lado?

-Salvador Sanchez.

EN TUS OJOS

En tus ojos encontré el sendero que necesitaba para llegar a la paz, esa paz que solo tus brazos me saben dar y quitándome la sed que todo el mundo padece, sin darme cuanta bebí el néctar inmortal de tus labios y ahora puedo vivir el tiempo que necesite para estar a tu lado, siendo tus brillantes ojos los que me alumbran en el sendero de esta triste noche en donde solo nos encontramos tú y yo, el mundo ya puede caer a pedazos.

-Salvador Sanchez.

DESDE QUE TE FUISTE

Es loco el hecho que desde que te fuiste aprecio el amarillo más que ningún otro color, al igual que es más loco el hecho de que llevo girasoles plasmados en el alma desde tu partida, pero no todo es bueno estos girasoles se van marchitando pétalo por pétalo y así mismo desde que te fuiste se marchita mi cada vez más mi alma con tu adiós.

-Salvador Sanchez.

BÉSAME

Cuando nuestro corazón sienta lo que nuestra mente piensa, ahí comienza el amor mutuo, este no llega avisando, no hace caravanas, viene te encuentra y te contagia, viene y va por todos lados, se va porque tiene alas o se queda cuando se encuentra cómodo, así que bésame antes que el sol cambie por la luna, así que bésame antes que la tierra explote, porque no seremos las mejores personas del mundo, pero si las mejores amándonos, así que bésame.

-Salvador Sanchez.

NO PIDO NADA MÁS

No pido nada más que tu amor, abastéceme de tu dulce néctar, abásteseme de tu cultura, abastéceme de gloria y felicidad o déjame arrodillado ante ti, pero nunca me alejes de tu lado, lléname de amor, dame paz mental y has que solloce de eterno amor; el amor de un alma incomprendida que solo yo podré notar por siempre.

-Salvador Sanchez.

EL FRUTO PROHIBIDO

Amo el arte que usas para enamorarme, porque desde el pestañar de tus ojos hasta el como me besas es brillante, las estrellas se sienten incomodas al verte porque la luna te quiere a su lado, porque tus lunares constelaciones de hermosa brillantina son, porque el mirar de tus ojos provoca felicidad en mí, porque tus labios me llevan directo al paraíso, aunque sé que tú eres el fruto prohibido.

-Salvador Sanchez.

SEGUIRE SIENDO YO

Y al notar que apreciaba tu arte más que la de cualquier otra persona, me volví fan de la poesía que a diario salía por tu boca, porque perdido y loco en cada palabra descubrí el sentido de mi cordura en ti y al nunca callar me llené de satisfacción y a diario escribo cada verso que sale de tu boca, porque el arte de cada palabra solo lo tienes tú, porque el arte en ti alumbra como fuego ardiendo en llamaradas de intensa pasión mientras observo todo en ti, mientras encuentro mi sed en tus besos calmando la misma sed con la fuente de tu alma, mientras yo este cuerdamente loco solo por ti, serás tú el motivo de mi existir.

—Salvador Sanchez.

BÚSCAME AL DESPERTAR

Encuéntrame en la eternidad de esta hermosa mañana, búscame al despertar, suéñame aún despierta, lléname de hermosas escrituras repletas de tan cálida brisa, búscame en el altar una vez enamorada de mí que, yo por ti volaría como un pájaro buscando el verdadero sentir que me lleve hacia la felicidad de este infinito amor que siento solo por ti.

-Salvador Sanchez.

SOLO UN BESO

Quiero bailar esa danza que tanto anhelas escuchar, esa que se escucha a la orilla del mar cuando las olas chocan, porque el mar baila al verte y la luna celosa al verte se engrandece, y ahora que el mar y la luna están en su punto perfecto tú solo necesitas besarme, para enamorarme una vez más de ti, porque las estrellas se enloquecen al ver tu brillo, porque ni la noche más estrellada se compara con lo glorioso que es tu deslumbrar, porque solo un beso tuyo me enamoraría de nuevo.

-Salvador Sanchez.

NECESITÓ

Necesitó que seas esa persona por la cual me duelan los labios de tanto besar y la cabeza me explote, por tanto, pensar en ella, porque de nada sirve quererse si no se aman, porque la galaxia es de miles de colores al igual que tus ojos, necesitó a alguien que me haga templar de la emoción cuando la veo, que me haga soñar con su voz, que me haga respirar con su aliento, en fin, que me necesite tanto como yo a ella.

-Salvador Sanchez.

TODO ES POR TI

Llévame a donde el sol no brilla si no es por ti, en donde el mar baila por tu presencia y en donde la tierra hace nacer las flores solo por tu caluroso resplandor, llévame a donde las cascadas de emociones brotan solo por tu pestañar, llévame a donde la nada se vuelve todo solo con verte a los ojos y llévame al único lugar donde encuentro felicidad, así es, llévame a tu lado.

-Salvador Sanchez.

CONDENADO POR TI

La perfección la encuentre cuando tus ojos brillarón al verme, cuando mi boca se abrió sin darme cuenta, cuando me enamoré de sus aromas y hasta de su pestañar, cada quien brilla diferente, cada quien tiene la luz que otro necesita para brillar, cada uno puede ser feliz solo, pero que satisfactorio es el buscar y encontrar, al notar que la alegría que reflejas y que la tranquilidad solo me la dan tus besos, me enamoré de ti, así que al paraíso nunca iré, se que estoy condenado al infierno y todos me miran como el más locos de ahí, por contarles a los espectros que estoy ahí por probar tus labios y no el fruto prohibido, que estoy ahí por llenarme de gloria los ojos al verte y ser escéptico hasta que llegaste tú.

-Salvador Sanchez.

MIL VIDAS

Al notar que eras la perfección encarnada y teniendo idea de que algún día serías polvo, lloré, necesitaba que mil vidas aparecieran frente a mí, no creía en la suerte hasta que te encontré, un amuleto que se atesora a diario, un amuleto que me muestra la verdad siendo persona, alguien con la cual seguiría hasta el final, alguien quien me tenga y me sepa aprovechar, decidido a tenerte siempre a mi lado con el juramento de que mis pupilas siempre explotarían de la emoción al verte, encontré lo que en realidad era el amor mutuo, reconstruyendo mis sueños por ti, sediento de tus besos por tus formidables pensamientos.

-Salvador Sanchez.

QUIERO CONOCERTE

Me acerqué a ti porque quiero concerté, saber en dónde tienes esas cicatrices que te hiciste de pequeña, quiero conocer tus lunares, quiero hipnotizarme con tu pestañar, quiero sentir la gloria en las palmas de mis dedos mientras te acaricio, quiero sentirme yo al estar contigo, ven acércate a mí, porque el arte no era mi fuerte hasta que te conocí, porque vivía de la poesía y ahora vivo para adorarte, porque la luna brilla más cuando estás a mi lado, porque el sol puede brillar pero no más que tú, porque tu cabello tiene el olor de la gloria y tus labios el sabor de aquel fruto prohibido que se encontraba en el Edén, porque creer el en Dios es espectacular, pero el creer en ti es algo aún más magnífico.

-Salvador Sanchez.

TU MIRAR

La tarde comienza cuando tu ser opaca mi mirar, digo esto haciendo referencia a aquel hechizo que hace segarme ante ti, porque desde el suspirar de tu aliento hasta el pensamiento más pequeño que pasa por tu mente me tiene loco y derrochando kilos de amor solo por ti, por ello creo que esto se trata de un hechizo.

Y esto solo sucede cuando tu mirar hace mi tarde.

-Salvador Sanchez.

TÚ ERES EL PARAISO

¿Qué hace un poeta enamorado de sus versos?,
Que después de ver tu arte se volvió tu más grande fan.
Que después de sentir tus labios besando los suyos no sintió nunca
más hambre, que después de vivir una vida a tu lado descubrió que
al morir el paraíso no era lo que buscaba, si no, estar nuevamente
siempre a tu lado.

-Salvador Sanchez.

PRESENCIÉ

Presencié aquel destello tan brillante que por un momento pensé que era un rayo del sol, para después seguirlo y encontrarte a ti mi rayo de vida.

-Salvador Sanchez.

QUERER QUERERNOS SIEMPRE

Cuando te beso suspiro aquel amor de tantos años, ese amor que hasta los ángeles envidian, ese amor que te hace ver "La vie en rose", recordando aquel juramento a diario besándote en la frente, viviendo, mientras sea a tu lado porque el amar no es nada sencillo, recordando mi amor hacia ti a diario con solo verte a los ojos y besarte en la frente mientras tú pruebas mi sed, la sed que hasta los mismos ángeles desean tener, deseando tener las estrellas, encontrando constelaciones enteras de ellas en tus ojos, descubrí que estaba enamorado de ti, porque contigo encontré la sed que quererme comer al mundo, porque contigo tengo un futuro previsto, reforzando nuestro amor mutuo con besos, recordándote mi amor con solo verte a los ojos y abrazándote a diario, solo con verte sabia que estaría contigo hasta la muerte, viviendo solo para ti, con tan solo la propuesta de querer querernos siempre.

-Salvador Sanchez.

ERES EL PRINCIPAL INFINITO DE TODO MI AMOR

Desde el hermoso café glorioso de tus ojos, hasta el tono de tú piel es hermoso, porque todos van por el mundo buscando a un amor sincero que no solo sea pasajero, que te quiera tanto cómo el a ti, porque solo pocos saben apreciar tú voz y solo pocos han escuchado un te amo de tu boca, porque me enamoré de tus defectos, de tus cualidades, en sí, de ti, porque al verte suspiro y cuando estas a mi lado soy feliz, te he encontrado a ti mi rayo de luz, de esperanza, bueno en fin, encontré el principal infinito de todo de mi amor

-Salvador Sanchez.

DECIDIDO

Entre galaxias deslumbrando siempre estas tú, reflejándote en el agua como la misma luna, haciendo vibrar mi ser como si fuese gelatina y por eso me enamoré de ti.

Y enamorado de ti me di cuenta que hacías bailar al mar, notando lo fabulosa que eres tome tu mano decidido a dar todo por ti, decidido a brillar como el mismo sol para estar al lado de la mujer que hace bailar al mar.

-Salvador Sanchez.

SE PARTE DE MI MUNDO

Ven se parte de mi mundo, bésame sin pensarlo dos veces, abrázame sin haberme soñado antes, ámame como nunca has amado a nadie, te llevaré como mi amuleto de la suerte, puesto que, que suerte tuve al encontrarte cuando más perdido estaba, con tus ojos mostrándome el paraíso y tus labios dándome las vitaminas que necesito para ponerme en pie, soy feliz, al estar tú feliz, llevándome tú al paraíso con los ojos cerrados, llevándome tú al cielo sin moverme un solo centímetro, teniéndolo todo, cuando no hay nada.

-Salvador Sanchez.

SOLO LO LOGRAS TÚ

En tus labios encontré esa felicidad que mi piel tanto rogaba y cuando estoy contigo tengo esa tranquilidad que el tabaco ya no logra darme, porque tú eres ese rayo de alegría en mi triste vida, por que eso y mucho más solo lo logras tú.

-Salvador Sanchez.

TE LLEVO EN MI

Siendo la nada encontré un rayo de luz que me volvió el todo, tan crucial fue ese hecho que, plasmando mi mirada en ti, exploté de alegría en mí, cruzando el universo entero solo por ti, me perdí, pero logré volver solo por llevar tu rostro plasmado en mis recuerdos a todos lados.

Y por ello te llevo en mi siempre.

-Salvador Sanchez.

TEMO PERDERTE

En ti encontré lo que tanto soñaba, esa luz en tus ojos tan transparente que temo perder, tu sonrisa tan espectacular que moriría al no verla, tus pensamientos tan locos que me alegran el día, tu piel tan suave que es tan imposible no acariciarla cada vez que te veo y tu carisma que me llena de orgullo, esas y muchas más cosas son aspectos que solo podría encontrar en ti, por eso temo perderte.

-Salvador Sanchez.

ERES EXTRAORDINARIA

Eres extraordinaria, si, alguien en el mundo que no tiene razón algún de lo maravillosa que es, que cuando me mira provoca mis sonrisas y cuando me besa explota mi cabeza en mil pedazos, pero con un abrazo me vuelvo uno con ella, porque ella es el universo entero y yo, yo solo una pequeña estrella brillando en el inmenso universo de su amor.

-Salvador Sanchez.

BÉSAME

Bésame como si el mañana no existiera, como si solo existiésemos tú y yo el uno por el otro, como si el amor nunca se acabará entre nosotros y es que solo te quiero a ti, porque quiero que me digas lo que ya se de mí y alegrarme, porque por fin alguien me ve con los mismos ojos de amor que tengo yo, por que por fin alguien me ama.

Así que, por favor, bésame.

-Salvador Sanchez.

ELLA

Ella es la mujer más hermosa del mundo, y aunque a veces pueda ser un poco gruñona no sé qué haría si no está algún día, porque es fácil decir palabras, pero demostrarlo es a veces un tanto difícil, ella puede ser fría a veces, pero, cuando la veo a los ojos me muestra el paraíso en ese café glorioso y cuando ella me besa podría perderme en ella el tiempo que fuera, porque el infinito se queda pequeño con lo inmenso que es mi amor por ella y la galaxia entera se queda asombrada con lo hermoso que es su rostro, porque todo es perfecto con ella a mi lado y podría contarle cualquier historia para hacerla reír toda la noche, porque con ella mi imaginación es infinita y que perfecto infinito sería una vida con ella, porque si existe otra vida seguro la buscaré y si vivimos cien años, cien años serian un honor vivirlos a tu lado, porque nadie se le compara, nadie tiene ese aroma a ella, nadie es como ella, nadie más podría provocar todo lo que siento ahora y no creo que nadie sienta lo que yo siento por ella ahora mismo.

-Salvador Sanchez.

LO INCREÍBLE DE TI

Dime, ¿qué hace un náufrago en el inmenso mar de tu amor?, porque el perderme en tu mirada es impresionante, y no se comparan tus besos siendo tan dulces, ni tu inigualable aroma, llévame al paraíso con un beso donde podré morir al verme reflejado en tus ojos, porque eres tan brillante que aun estando en el abismo me llevas al paraíso de tu inmenso amor.

-Salvador Sanchez.

RITUAL

Y en las sombras encontré tu inalcanzable amor, porque perdido y loco en ti encontré mi ser en lagos de derrochante cariño y los eclipses de sol brillaban cuando sofocado y loco por ti me ahogue en tus besos, hoy tomare tu amor como un ritual al tomar tu sed de mi, como un increíble trago de eterna juventud y podremos vivir siempre juntos a base de este amor, que solo nosotros podremos notar, solo por aquel ritual.

-Salvador Sanchez.

EN MI SIEMPRE ESTAS TÚ

Asombrado estoy con tu mirar porque nadie sabe como te haces notar sobre un cielo lleno de estrellas, haciéndote reflejar sobre la luna llena agobiante se vuelve el hecho de solo pensar en perderte y no hay razón alguna por la cual dejaría ir tu amor, porque sobre mi cielo estás siempre, viajando de pensamiento en pensamiento, pero siempre en mí, solo en mí.

-Salvador Sanchez.

TÚ

Tú, la chica que provoca explosiones en mis pupilas cada vez que la veo, tú, la chica que llena mi cabeza de poesía, tú, la que le hizo tener sentido a mi vida, tú, la chica con la que sueño aún despierto, tú, la que pinta su arte en mi mente, tú, la que me deja sin habla cuando me besa, tú, la chica que aún sigo amando.

Tú, la chica que amaré por siempre.

-Salvador Sanchez.

ME ENAMORARIA DE TI CADA DÍA

Me enamoraría de ti cada día de esta triste vida.

Encontrando el sendero más hermoso en tus ojos comprendí que la vida siempre me dio buena suerte, porque perdido y loco en ti encontré la razón de mi existir y sin arrodillarme ni una sola vez encontramos el amor en nosotros, como seres hambrientos de amor y sedientos de versos nos encontraremos en nuestros pensamientos, pues me enamoraría de ti cada día de esta triste vida, cada día de esta increíble vida.

-Salvador Sanchez.

¿ERES LO QUE TANTO BUSCABA?

No busco impresionar a muchas, busco impresionarte a ti, peinando mi cabello incluso cuando nunca lo he hecho, contando mis mejores historias incluso cuando a nadie se las eh contado, narrándote mi día a día, viendo como nuestras pupilas se hacen gigantes al vernos a los ojos, sintiéndome feliz solo con un beso, sonrojándome solo por ti.

-Salvador Sanchez.

TODOS NECESITAMOS UN AMOR DE VERANO

Quiero que me ames, que me ames tan profundamente que nuestro amor nunca se marchite, que nuestros corazones aumenten sus latidos cada vez que nos miremos como si fuera aquella primera vez que nos besamos, quiero que nuestras emociones estallen y nos volvamos uno, que nuestro hilo rojo sea verdadero, que nuestros corazones sean el uno para el otro por la eternidad y que tú y yo nos amemos hasta ser viejos y morir.

-Salvador Sanchez.

DEDICADO A TI

No soy muy bueno en eso de dedicar canciones, pero me han dicho
que en los escritos si, así que aquí tienes, este no es un sencillo
escrito, puesto que este revela mi amor hacia ti, porque borras todo
lo malo que tengo haciéndolo maravilloso con tan solo una sonrisa y
es que nadie se te parece porque nadie puede apreciar tú arte y nadie
mira más adentro de ti como lo hago yo, en si, hablemos de lo
maravillosa que eres, porque recuerdo que una vez escuche a los
niños decir que eras la mujer más increíble que existe y a los
ancianos decir que por ti el sol brillaba, que por ti la luna se
escondía entre las nubes al opacar su brillo y todo ello lo comprobé
al estar a tu lado, puesto que me das lo que todos merecemos,
un amor mutuo, el cual nos haga flotar, el cual nos haga comprender
que todos merecemos amar y ser amados.

-Salvador Sanchez.

SOLO EN TI

Soñando cada noche con tu belleza, amanecí con el recuerdo de tu hermoso amor, porque nuestras almas se seguían mutuamente y hoy que te encontré tengo ganas de vivir de ti, viviendo por tu aroma, creyendo en ti y solo en ti.

-Salvador Sanchez.

¿EN DÓNDE ESTÁS?

Derritiéndome cual vela con el calor que tus besos provocan, encontré un lugar cálido y muy hermoso, así mismo le sonreí al caos, preguntándome: "¿en dónde estás?".
Descubrí un abismo cuando note que lo único bueno en mi vida era tu llegada, sonriéndole a la muerte de frente note que faltaba mucho por recorrer, mirando las tinieblas cuando yo solo quería ver el paraíso que se encontraba en tus ojos, decidí buscarte por siempre, recorriendo laberintos con los ojos cerrados, gritando sin voz, note lo grande que es el mundo cuando lo recorro buscando tu amor.

-Salvador Sanchez.

SÍGUEME

Sígueme hasta aquel puerto donde el mar ya no será más la atracción principal, porque deslumbrando te encuentras llena de luz sofocante que me hace sentir nuevamente vivo, que me sonroja haciéndome disfrutar, que me guía hasta donde la luna se refleja en ti, sígueme para poder enamorarme de ti

.

-Salvador Sanchez.

MIL AMORES

Llegarán mil amores a darte rosas, pero solo uno te mostrará el mundo en su máximo resplandor, llegarán muchos a verte a los ojos pero solo uno podrá hacer explotar tus pupilas con su interés por ti, serás correspondida por su inmenso amor, en ese punto derrocharas brillo por doquier, te lanzaras hacia atrás sin pensarlo solo por la confianza que su ser refleja, será un amor mutuo, en ese punto encontrarás un lago de estrellas en donde solo tú podrás nadar por tu resplandor, notarás que esta persona podrá llevarte al paraíso con tan solo su suspirar y ahí sabrás que el amor si existe.

Encontrarás el amor, entre mil amores.

-Salvador Sanchez.

SOLO POR VERTE SONREIR

Eres tú la cascada de emociones en la cual yo me ahogaría, eres tú la chica que no se esfuma y que persiste siempre en mí, la que encuentra mis razones para respirar y el seguir dando todo de mí, la chica por la cual el mundo gira, la única razón que me queda para ser y estar, la chica por la cual daría la vuelta al mundo, solo para poder ver su sonrisa una vez más.

-Salvador Sanchez.

DESLUMBRAS

Deslumbras más que el sol, coqueteando me muestras tu gran amor, eres tú la única que me tiene rendido a tus pies pidiendo beber el dulce jugo de tus labios sabor a victoria.

Porque a veces con un beso también se gana, a veces con un beso me haces deslumbrar más que el sol.

-Salvador Sanchez.

¿POR QUÉ PARA MI YA NO EXISTEN LOS GIRASOLES?

Encontré un hermoso paisaje un día perdido en ti, en el paisaje posaban estrellas como luces de navidad detonando colores que nunca antes había visto, colores que me llenaban de amor y el gris en mi se esfumó, fuiste la persona que me hizo ver la galaxia detonado en sus ojos y la persona que me lleno de ira el corazón, es increíble el como el color de una persona puede cambiar con solo un par de palabras, es increíble el como un par de palabras te pueden hacer sentir felicidad u odio, es comprensible que tu amarillo se marchito, pero, ¿por qué para mi ya no existen los girasoles?.

-Salvador Sanchez.

DIME

Dime lo tanto que me amas y sin pensarlo me lanzaría al vacío por ti, cayendo al asfalto tan duro encontré la paz que solo tus brazos me daban, me encontré en el paraíso sin tus besos, nublando mi vista sin estar bajo el agua, me pregunte si encontraré la respuesta a la pregunta del, ¿Por qué me siento en el paraíso cuando el infierno me abraza?

-Salvador Sanchez.

MI UNIVERSO

Y de pronto las galaxias y las constelaciones se vuelven pequeñas al contemplar tus lunares, porque tu ser da el aroma que todos necesitan para vivir, porque tu vida, da vida y tu aliento el aire que cualquiera necesita para ser feliz, porque cualquiera puede ir por el mundo buscando la felicidad en un simple objeto, pero yo encontré mi universo en una persona de carne y hueso.

-Salvador Sanchez.

AQUEL BESO

Y con aquel beso sentí ese éxtasis mental que solo pocos podrán experimentar una vez en la vida, mis sentidos no coordinaban, fue como si hubieses cambiado mi sentido de la vida, pues mi mente estaba enfocada solo en ti, porque te puedo jurar que nadie te volverá a mirar con esa mirada y esos ojos lleno de amor que estaban en mi aquella noche, tan hermosa, radiante y llena de felicidad, que, aunque estábamos en la oscuridad, tú brillabas tal como una estrella en el cielo.

-Salvador Sanchez.

¿LO LOGRARÉ

He tratado de probar tus gloriosos labios una vez más y aunque han pasado _____ días sigo sediento de ti, hambriento de tu ser, esperando ansiosamente a que vuelvas.

-Salvador Sanchez.

DESDE QUE TE CONOCÍ

Desde el momento que te conocí te fui fiel por siempre, por eso mismo sumergí mi mirada en ese resplandeciente café de tus ojos, para nuevamente poder sentirme tan vivo y lleno de paz entre tus labios.

Encontré que mi lugar no era una estructura con cuatro paredes, si no, que eras tú y nadie más que tú, entendí que la vida suele ir a veces lenta y a veces muy rápido, he logrado entender al cerebro humano solo por ti, para poder conciliar nuevamente el sueño en tu pecho, para poder despertar con tu cabello en mi cara, son cosas muy insignificantes, pero hacen de mi día algo grandioso contigo a mi lado, el despertar forrado de besos, el despertar sediento de ti, el comprender nuevamente el día a día, por tus colores que me hacen brillar más, porque los colores solo tú pintas en mi.

Desde que llegaste, el gris ya no es más un color, porque el solo pensarte vuelve tan colorido mi día, que anhelo aun dormido el verte sonreír.

-Salvador Sanchez.

TUS OJOS, MIS SENDEROS.

El cielo se podría quedar sin estrellas en este momento, porque tus ojos serían los senderos que me guían hacia el inmenso mar de la felicidad a tú lado.

-Salvador Sanchez.

TU FAN

Me encanta tu sonrisa por el hecho de que provoca la mía, tu coquetear que me vuelve loco, tus besos que me llevan al cielo, tus encantos que me hacen estar a tu merced, tu vibrar que hace que el mar baile a tus pies, el aire que respiró cuando estoy a tu lado, al saber que contigo lo tenía todo me volví tu más grande fan solo por contemplar tus ojos de cerca y sentir la brisa del mar, aunque estemos a kilómetros, solo por tu impredecible, pero tan glorioso amor.

-Salvador Sanchez.

¿ES ALGO SENCILLO EL AMAR?

¿Quién aparte de mí, podría bajarte las estrellas y contarte historias de amor y desamor toda la noche?, ¿Quién podría tomarte de la mano y llevarte a las nubes con un beso?, ¿A quién le explotarían las pupilas siempre al verte?, ¿Quién te amara tanto cómo yo?...

Nadie lo hará, porque el hecho de sentir amor, no es algo que suceda a diario, porque podrían gustarte muchos, pero amar solo a uno, porque el hecho de amar no es algo sencillo, es algo que te toma por sorpresa, algo que la vida te da y tú lo tomas de la manera que quieras, lo guardas, lo tiras o solo lo tratas de hacer mutuo, porque el amar es algo sorprendente, es hacerte sonreír cuando sangras, y llenarse de felicidad mutuamente al verse, levantarte de los malos momentos y en los buenos darte empujones para ser siempre mejor.

Ahora dime:

¿Es algo sencillo el amar?

-Salvador Sanchez.

ERAS CAOS Y CALMA

Fuiste un amor que se marchitaba sin razón alguna.

Nuestro amor fue como cuando se marchitan y caen las hojas de un árbol poco a poco dándole paso al otoño.

Eras como una tormenta, le das paso al desastre, solo para tener por algunos minutos aquel arcoíris lleno de colores que le daban razón a nuestra relación.

Eras caos y calma.

Generabas miles de preguntas en mí, ahogándome como un tsunami, para después secarme con el cálido rayo de aquel pequeño amor que tenían tus brazos.

Eras caos y calma.

Siempre sabias tenerme dependiendo de ti, la dependencia no era lo mío, hasta que te conocí, la chica que creaba desastres para tenerme siempre frente a ella, la chica que le dio sentido a mi vida cuando la perdí.

-Salvador Sanchez.

A TU MERCED

Me he quedado a tu merced, úsame o hechízame de nuevo con un beso, tómame entre tus brazos y asfíxiame de amor imparable comprende cada paso que doy, sube esta montaña conmigo que la cima nos dará grandes promesas, el final de este cuento, es un final grandioso en donde puedes ver grandes paisajes y nadar en el glamuroso arrollo de mi amor, eres todo lo que necesito, eres todo lo que alguna vez había pedido hecho carne, ahora toma mi mano y vamos por ahí a darle luz a este tan grandioso mundo, porque la cascada de emociones solo aparece cuando estas a mi conmigo y nunca cesa cuando estás lado.

-Salvador Sanchez.

MI HISTORIA

Llevo un sol plasmado en el brazo que me recuerda diario a ti, llevo una luna colgando del cuello que me recuerda a mi, los dos tan cerca y a la vez tan lejos, pero, se que la luna desea con todo su ser estar plasmada a un lado de ese sol y quedarse siempre, para que no vivan solo de recuerdos esperando el próximo eclipse.

-Salvador Sanchez.

NO ENCONTRARÉ A NADIE COMO TÚ

Siento que no encontraré a alguien como tú de nuevo, alguien que me haga vibrar, alguien que me haga sentir lo que solo tú me hacías sentir, alguien que me haga bailar al ritmo del mar, alguien que me haga ver las estrellas como luces de navidad y no solo destellos en el cielo, no encontraré a nadie que me haga sonreír con su carisma, alguien que me haga ver la luna aun estando el sol en su más majestuoso punto, no encontraré a nadie como tú.

-Salvador Sanchez.

TE ENCONTRÉ

Con tus besos encontré el verdadero sentido de la vida, y por ello recorrí el mundo como la sangre que recorre nuestras venas.

De pronto, un azul se postre en mi cielo, el color que tanto necesitaba para darle vida a mi mundo, en ti encontré lo que todos necesitan, pero nadie busca, si, en ti encontré el amor verdadero, encontré lo que pocas personas en el mundo admiran, encontré el paraíso vuelto una imagen en tus ojos, mi olor favorito y mi lugar solo en ti, te encontré y le diste vida a mi gigantesco mundo, te encontré y ahora existe un universo.

-Salvador Sanchez.

ERES LO QUE NECESITO

Puedo escribirte cualquier poema hablándote de lo hermosa que eres y aun así no llegaría ni un poco a lo espectacular que te ves ante mis ojos, eres el rayo y la espera de emociones que todos necesitan, eres el agua que para mí sed y el aire que necesito para vivir, eres una función de emociones en mí, eres el químico que me vuelve loco, eres la felicidad, el resplandor que le da sentido a este mundo, eres la energía que mi cuerpo necesita para sentirse vivo, eres lo que necesito, porque eres lo que siempre anhelo.

-Salvador Sanchez.

¿CÓMO SABRÉ CUANDO TE VAYAS?

¿Cómo sabré que te he olvidado?, si tu recuerdo vive en mi mente, ¿cómo sabré cuando te vayas?, si tu aroma se quedó impregnado en mi alma, ¿cómo sabré que ya no estas más junto a mí?, si tus recuerdos me vuelven loco y me hacen alucinarte frente a mi.

¿Cómo olvidarte?, si este libro lleva cada palabra que salió de mi boca para ti y todas las emociones mismas que sentí solo por ti.

-Salvador Sanchez.

DÉJAME

¿Quieres comprenderme y amarme por siempre? o ¿solo quieres probar mi sed?, déjame derrochar tu néctar por todo mi cuerpo, déjame caer por ti y ser nuevamente yo, déjame quererte siempre, déjame amarte, déjame derrochar mi amor solo por ti, déjame ser el amor de tu vida en esta vida.

-Salvador Sanchez.

LA

La increíble persona que me hace mortal, la persona que hace que mis alas se extiendan cada vez que la veo, la que me hace sentir increíblemente perdido en sus ojos, la que me hace brillar aún de noche, la que me hace sentirme yo con ella a mi lado, la que me hace volar incluso atado al suelo.

-Salvador Sanchez.

EL BRILLO EN TI

Sería fácil decirte por este escrito lo hermosa que eres, pero, ¿sabes que es complicado?...

El definir ese brillo que solo tú tienes, esa luz tan penetrante y hermosa que llevas a todos lados con la cual sería fácil opacar al sol, el brillo por el cual la luna se llena de envidia, la envidia que provoca ver al mar baila a tus pies, la envidia que provoca ver a las estrellas festejar tu llegada.

-Salvador Sanchez.

EL RESPLANDOR EN TI

Tienes esa luz que todos buscan para llenarse de alegría, pero solo pocos pueden notar, porque no eres como nadie que conozca, porque el verte feliz provoca mi felicidad y el verte triste me obliga inmediatamente a dibujarte una sonrisa en el rostro, porque la vida te da de patadas, pero siempre da a alguien que compensa todo lo malo que sucedió, porque el amar es vivir y yo viviría amándote siempre, porque tienes ese resplandor que tanto necesito en mi tan oscura vida, ese resplandor que solo encuentro en ti.

-Salvador Sanchez.

CONTIGO LA VIDA ES MEJOR

Contigo la vida es mejor, descubriendo galaxias enteras en tus pequeñas pupilas, viajando por el paraíso solo por verme reflejado tus besos, descubriendo constelaciones de estrellas en tus mejillas, llevándome a la gloria con el olor de tu cabello al coquetearme, sintiéndome en las nubes contigo a mi lado, relajándome en un sauna con tu maravillosa voz, viviendo la mejor vida contigo a mi lado, por ello contigo la vida es mejor.

-Salvador Sanchez.

EL HECHO

Me fascina el hecho de que ella solo tenga ojos para mí, de que su
resplandor sea tan brillante que opaca al sol, que su sonrisa ilumine
mi día y que sus abrazos provoquen tanta felicidad en mí, me
encanta el hecho de que siempre está a mi lado, de que pensamos
igual y vamos por el mundo creyendo el uno en el otro, de que
nuestro amor es mutuo y sus besos espectaculares, de que ella hace
girar a la tierra y brillar las estrellas, de que ella baila y el mar está a
su merced, me encanta el hecho de que aunque ella es consiente de
todo lo que acabo de mencionar se encuentre a mi lado.

-Salvador Sanchez.

MI TODO

Ilumíname en esta noche llena de oscuridad que solo tú podrás tenerme siempre, llévame a donde solo tú conoces y bésame el tiempo que quieras o hasta que mis pupilas exploten por ti, déjame ser tu todo cuando no buscabas nada, déjame ser tu guía esta noche que yo sabré llevarte por el mejor camino, tómame cuando estés lista que de mi parte yo sabré esperar a la mujer que por siempre se volvió mi todo.

-Salvador Sanchez.

DISFRUTA EL MOMENTO

Mientras nos amemos, derrochemos amor por doquier, puesto que esto no es algo que suceda a diario, puesto que el amor llega difícilmente y en algunos casos rápido se va, porque el amar no es algo que suceda a diario, porque si amas a alguien no lo dejes ir, ve por él, bésalo y aunque puede que no siempre pueda ser para ti, disfruta el momento.

-Salvador Sanchez.

DESPIÉRTAME

Despiértame con un beso cada mañana, para vivir el día con tu rostro en mi mente, bésame sin esperar un te amo de vuelta, porque la frialdad es mi aliada, sostendré tu mano mientras caminamos, pues se cuanto lo amas, seguiré cada uno de tus pasos, pues me siento seguro cerca de ti, te tomaré cada noche o lloraré cada noche, así sea contigo o por ti, lléname de besos la alacena que estoy hambriento de ti, se trata de una hambre que no tiene sentido si no la sacio contigo, una sed de tu saliva recorriendo mi ser, unas ansias de tenerte que no terminan nunca, llévame hacia el cielo y tírame nuevamente a la tierra pero no me dejes caer solo, cae conmigo, porque,

¿qué sentido tendría la muerte si no es contigo?...

O al menos por ti.

-Salvador Sanchez.

SE ESCUCHA

He escuchado a muchos decir que eres la más brillante, que nunca te habían visto tan feliz y sollozante, que nunca te habían visto tan sonriente aunque tu cabello estuviera bellísimo ese día, pero nadie te conoce realmente, porque si eres todo eso, pero aun más hermoso, la persona por la cual cualquier moriría si te conociera un poco más de cerca, la persona por la que el sol brilla y en los días lluviosos, eres el arcoíris, porque eres mi persona, la cual siempre esta cuando se cae mi mundo, mi nudito en la garganta, eres el sol que da lumbre a mi calma, fascinante se vuelve mi mundo puesto que toma color a tu lado, fascinante se vuelve mi vida si estas tú a mi lado.

-Salvador Sanchez.

UNA HISTORIA DE AMOR

Él un poeta, ella tenia magia en sus manos.

Él calmando la sed de miles, endulzado el oído de todos con cada verso.

Ella seduciendo a todos con su pincel ilustrando lo inimaginable en un trazo, enamorando a todos solo por su mirar.

Un día se encontrarón al caminar y él tras verla trazar cada pincelazo en aquel trazo, quedó enamorado, pero no como los demás por sus obras, si no de la luz que ella derramaba.

El verdadero arte era ella.

Él, el mejor poeta se volvió loco al verla, nunca más se volvió a saber de él y nunca más nadie volvió a escuchar sus versos puesto que solamente escribía para ella.

El tiempo pasó y se volvierón a encontrar, el poeta perdidamente loco narraba sus mejores escritos tratando de conquistar a su sol, con los ojos repletos de amor y el corazón palpitando al máximo.

Ellos se encontrarón aquel día con un beso, pero nunca más nadie los volvió a mirar.

Sedientos por su ser los dos postraban ante el mar, ella plasmando su baile con un retrato y el escribiendo cada verso al verla, puesto que no hacen más que suspirar estando a su lado.

-Salvador Sanchez.

CON SOLO VERLA A LOS OJOS

Te encontré en esta densa obscuridad, brillando como si de una estrella en el cielo se tratase, te busqué desde el fondo de mi ser encontrando que eras la única que podía llevarme a la luna con un beso y suspirar las constelaciones con solo verla a los ojos.

-Salvador Sanchez.

JAMÁS VOLVERÁ

¿Cómo podré olvidar el rostro que tanto he amado?, ¿cómo dejar de suspirar un amor que infinito ya no es correspondido?, ¿cómo podré encontrar de nuevo tu ser?, para desfilar en el pacifico paraíso de este increíble amor que jamás volverá a ser mutuo.

-Salvador Sanchez.

NIRVANA

Simplifícame la vida, me di el glorioso festín de este increíble amor
lleno de pasiones que te envuelven el alma llena de suspiros
maravillosos que te hacen sentir vivo a un después de estar en el
nirvana.

-Salvador Sanchez.

ME PERCATE

Al observar este increíble universo, me percate que la nada en realidad era el principio de todo solo viéndote un poco más de cerca a los ojos.

-Salvador Sanchez.

VERANO

En el calor de este verano recuerda los poemas que narraba a tu oído.

Ahora que ya no estás cada noche a la luz de esta vela imploró volver a verte una vez más y que te quedes para que no solo seas un recuerdo más de este verano.

-Salvador Sanchez.

ANHELO

Yo solo anhelo el día de volverte a ver y decirte que he estado bien sin ti, pero a tu lado estaba mejor, anhelo el día que me arrastre ante tus pies solo para saber que ya no te amo, anhelo el día en que mis pensamientos ya no sean por ti, anhelo el día en que tu ya no vivas nunca más en mi.

-Salvador Sanchez.

¿PODRÉ?

He logrado vivir sin ti, pero, ¿podré vivir sin tu recuerdo?

-Salvador Sanchez.

TE ALEJASTE

Te alejaste de mi para dejarme este enorme abismo entre mis pensamientos, te alejaste sin dar marcha atrás, sin pensar en mi y en lo que sentía por ti, me olvidaste y me dejaste perdido en esta laguna mental que da tanto asco de solo pensarlo, te marchaste ante mis ojos, sin pensar en mi bien y solo desapareciste, ¿cuantas cartas te escribí con el corazón roto y tu recuerdo en mi mente?, ¿cuantas palabras saliendo de mi boca solo por tu perdón?, ¿cómo podré sacarte de mi mente si eres lo único que pienso?, ¿cómo podré ser feliz si ese sentimiento solo lo creabas tú?, el destino me acompaño a conocerte para luego alejarte, pero que hace un poeta sin palabras que se quedo sin pensamientos cuando te marchaste, ¿cómo podré olvidarte en estos días?, ¿cómo podré ser yo nuevamente en estas mañanas?, sin el sabor de la felicidad en mi, sin la adrenalina que solía recorrer mi ser solo por tu espectacular olor.

-Salvador Sanchez.

TE ALEJE

Cuando te aleje de mí tenía el consentimiento que lloraría varias noches con tu recuerdo, pero no se tenerte, en si, no se amar, te lo dije muchas veces y aun así te quedaste, triste por mis reclamos y feliz por mis caricias, creo que comprendí que en realidad te necesito ahora que se que te perdí y se que cada persona es una enseñanza, pero tu eres un libro que aún no termino de leer, un libro en el cual yo podría plasmar cualquier escrito y tú lo tomarías de la mejor manera, eres ese libro que yo no pararía de leer, eres la fuente eterna de este infinito amor.

Esta vez hice que te fueras de mi lado, pero, por favor vuelve que yo bajo la lluvia te sabré esperar, que yo bajo la silueta de este increíble amor te sabré cuidar por siempre, plasmando un pacto, para nunca volverte alejar de mí.

-Salvador Sanchez.

YO SABRÉ

Alimenta mi alma con tu grandioso carisma, que yo por ti sabré buscarte en cualquier sueño, llena mi sed de versos que sabré llenar tu ser de amor, llévame a donde quiera que vayas que no quiero estar más solo en este mar lleno de reproches y angustias humana.

Llévame a donde quiera que vayas que yo sabré tenerte por siempre.

-Salvador Sanchez.

NECESITO AMARTE

Necesito amarte como un loco, descubrir cada célula de ti y ser alguien nuevo para estar a tu lado, porque claro que duele amarte, pero que satisfactorio es el descubrirte en cada constelación de estrellas y en cada galaxia llenarme de tu ser, encontrarte no fue nada sencillo, pero te tendré atada con los lazos de este amor lleno de felicidad, te mantendré llena de mi ser y orgullo, te buscaré siempre en la felicidad y podremos brillar por siempre en la eternidad.

-Salvador Sanchez.

¿CÓMO?

    ¿Cómo olvidarte?, si en cada verso que sale de mi boca está tu recuerdo, ¿cómo seré capaz de seguir?, si el camino está lleno de tus cosas, ¿cómo podré avanzar?, si me tienes atado a tu alma, ¿cómo seguiré mi vida?, ¿cómo ser yo?, cuando no estarás nunca más tú, ¿cómo podré bajarte de la luna y dejar de suspirar al escuchar tu nombre una vez más?, el nombre por el que hasta el cielo llora con solo escucharlo, que incomprensible se volvió mi vida entera cuando te marchaste de mí, llevándote solo mi ser y mis ganas.

-Salvador Sanchez.

Y AHORA

Y ahora que sólo vives en mis recuerdos, escribe poemas repletos de amor, que solo por ti sabré narrarlos de la mejor forma posible.

-Salvador Sanchez.

AMARTE DUELE

Amarte duele como nada en el mundo, porque consiente estoy de que ya no tendré más tu sonrisa reflejándose en mis ojos.

Amarte duele como nada en el mundo, porque sobre constelaciones te encontrabas deslumbrando y ahora no logro distinguirte en un cielo lleno de estrellas.

Amarte duele como nada en el mundo, porque consiente estoy de que no volveré a verte y solo recuerdo borrosamente tu rostro en mi memoria.

Amarte duele como nada en el mundo, porque se que nunca más tus labios se dirigirán a mi con tanto amor como antes.

Por eso amarte duele.

-Salvador Sanchez.

NECESITO

Necesito que me arrulles con tu cálida voz y me lleves a ese hermoso infinito de emociones en donde solo tú sabes brillar, necesito que me guíes, porque mis ojos están cegados por ese dulce amor que solo tu maravilloso ser provoca, necesito escuchar de nuevo un te amo de tu boca, porque sin tus palabras yo seria nada comparado con lo todo que me das.

-Salvador Sanchez.

¿CUÁNDO?

¿Cuándo será mi momento de valor?, de tomar todas estas ganas y acercarme a ti y mirar tus ojos un poco más de cerca, ¿cuanto tendré que esperar para así darme cuenta que algún día me tendré que hacer acercar a ti?, ¿cuantas cartas te escribiré en secreto para saber si tan siquiera tu nombre?, ¿cuantos versos brotaran de mi boca?, solo por observar tu ser que alumbra mis días.

-Salvador Sanchez.

¿CUANTO?

¿Cuanto tiempo tendré que esperar para que este amor que me consume a diario solo sea un recuerdos más?, ¿Cuantas cartas a puño y letra tendré que escribirte?, para después deshacerme de ellas en el fuego, ¿por qué tu inmenso amor lleno de odio me tiene atado a ti?, ¿por qué teniendo idea de que el amor que tienes guardado es gigantesco recibo solo de vez en cuanto las sobras?, pero enserió,
¿cuando comprenderé que yo también merezco la copa llena de amor y no solo con unas gotas de desprecio?, ¿cuando entenderé que merezco a alguien que tenga las mismas ganas y la misma mirada llena de amor, como la que se creas en mi cada vez que te veo a los ojos.

-Salvador Sanchez.

¿PODRÉ?

¿Cuando podré acercarme a ti y tan siquiera preguntarte tu nombre?, ¿cuando podré dejarte de escribir poesía que nunca llegará a ti?, y empezaré a escribir frente a ti poesía que te llene el alma, pero, ¿cuando este contigo podré llenarte de amor cómo algún día seguro que lo has soñado?, ¿podré amarte por siempre con un inmenso amor más puro que el aire de este edén?, ¿podré llenar tu alma y vivir por siempre a tu lado?, estoy seguro de que podré, llenare mi alma de versos repletos de sentimientos hacia a ti que te harán nadar por las constelaciones más hermosas, seguro estoy de que tomando mi mano llegaremos a hermosos lugares tan solo tú y yo repletos de amor, pero ven, recuesta a mi lado y lléname de maravillosas historias de travesías que yo por ti sabré imaginar aquellos caminos, lléname de preguntas que yo por ti sabré responder, el: "¿por qué ahora los versos brotan de mi boca cómo cascadas con tan solo verte a los ojos?" o el "¿por qué ahora los colores tienen sentido desde que llegaste a mi vida?".

-Salvador Sanchez.

HOY

Hoy me he acercado a ti con la esperanza de que te des cuenta de mi, porque no tienes idea alguna de como deslumbras en un cielo lleno de estrellas y como opacas los rayos del sol con el resplandor que solo tu ser emana, déjame probarte, déjame saber de ti, déjame conocerte, tocarte, sentirte, besarte, déjame nadar en esa laguna de sentimientos que solo tu carne provoca en mi, déjame ahogarme con tu ser y entre los paisajes moverme con tu dulce aroma, porque yo por tu amor soy como un pájaro en este maravilloso cielo.

Hoy soy tu gran amor.

-Salvador Sanchez.

YA NO ERES TÚ

He encontrado la derrota una vez más tirado en este suelo, pero, ¿por qué tuvo que ser así?, ¿cuando comprenderé que el amor que tanto imagine no es contigo?, ¿podré recordarte con aquel gran amor?, para después darme cuenta que el rostro que tanto adoraba ahora solo es un simple recuerdo de este amargo amor, ¿que tengo que hacer para salir vivo de este infierno de emociones?, recordando los días en aquellos rigurosos paisajes, note que lo que en verdad anhelaba no eras tú, si no la paz en mi, ¿cómo podré mirarte una vez más y ya no amarte?, ¿por qué cómo podré desear nuevamente tus hermosos ojos?, si ya no eres tú la que como acuarelas pinta mi paisaje.

—Salvador Sanchez.

NO PUEDO CREER

No puedo creer que yo siendo una persona con bastantes argumentos me quede sin palabras cada vez que pasas junto a mi, ¡vaya!, provocas un desastre de emociones en mi mente cada vez que te veo, provocas la inigualable envidia de todas al tener mis pupilas explotando solo por ti, como una droga que no mata, si no que me da vida, ven, sube a mi arcoíris de emociones que yo por ti podré suspirar tu amor cada vez que me des un beso, ven, que yo por ti sabré llegar a mi destino incluso naufrago en este mar de maravillosos sentimientos que creas tú, con tan solo verte pasar.

-Salvador Sanchez.

¿QUIÉN APARTE DE MÍ?

Dime, ¿en donde encontraras un amor cómo el mío?, que te haga vibrar con tan dulce calidez, ¿en donde encontraras un amor cómo el mío?, que te haga sentir el dulce sabor de lo que es la vida, un amor como el mío que podría estar hambriento de ti como si fueses la dulce gloria vuelta vida, dime, quien más podría decirte: "Te amo" con tan solo una mirada y con solo tomar tu mano llevarte a darle vuelta a las constelaciones más hermosas de su infinito amor, dime, ¿quién aparte de mí?

-Salvador Sanchez.

VARADO

Várado en esta isla de sentimientos que algún día fuerón mutuos, me llevaste al fondo de este increíble gran amor, tomaste mi mano suavemente, llevándome a donde el mar y el desierto se hacen uno, tómame, pero no me dejes caer en la angustia, la angustia del pensar que te tendrás que marchar, la angustia de que solo viviré en tus recuerdos, llévame a donde la gloria sólo la tienen tus ojos y tu brillo alumbra mis días llenos de intensas llamaradas de increíble amor.

-Salvador Sanchez.

DIGNO

Iluminando el carisma de esta triste noche, deslumbrando te encuentras tú, una luz tan densa pero pacificadora en medio de esta guerra sin fin, la magnífica sonrisa por la que se peleaba dio la paz, el sol dio paso a su caminar con un rayo de luz en medio de estas tinieblas, maldiciendo a todo aquel que no se arrodille ante ella, cualquiera caería ante la tentación de su magnífica mirada, pero nadie la puede tener a su lado, cualquiera mataría por esa mirada pero nadie a sido digno de verla a los ojos.

-Salvador Sanchez.

ELLA ERES

La chica con los ojos más brillantes y con una sonrisa que enamoraría a cualquiera, ella eres, la chica que se hace notar en cualquier lado y detalla sus palabras con gran precisión para expresar su más sincera opinión, también eres, la chica que me hace vibrar al estar a su lado y sentirme mareado de amor cada vez que la veo, ella eres, la chica que detalla las galaxias y alumbra el camino en mis noches de ahora en adelante, ella eres.

Eres el motivo por el cual la luna se esconde, pues desatas el brillo celestial que ni los ángeles pueden alcanzar.

-Salvador Sanchez.

CASCADAS DE EMOCIONES

En sus ojos brillantes constelaciones se encuentran aparcadas, en sus ojos te perderías como un niño en medio de esta gigantesca cuidad, bajando a sus labios las palabras que salen de su boca retumban en ti creando un hechizo que no te ordena, si no, te orienta a ser aun más feliz a su lado, sus labios que no pararías de besar derrochan las vitaminas necesarias para seguir en pie aun en esta terrible seguía y siguiendo su caminar alucinarías, pues ella siempre te guía a la cascada de emociones que tanto anhelabas en tu vida.

-Salvador Sanchez.

MÁS ALLÁ DE LAS ESTRELLAS

Sorprendentemente la luna me abrazaba durante tu partida y como se daba a imaginar esa noche las estrella no brillarón en luto a ti, pero, ¿por qué esta tiene que ser la última vez que te veré?, arrastrándome a la desgracia de que nunca más te tendré a mi lado, comprendí que tu lugar era el paraíso y el mío el infierno, por ser el mayor de los pecadores, pero, ¿por qué anhelar el paraíso después de muerto cuando yo tuve al paraíso hecho de carne y hueso frente a mi en esta vida?, con perfectas cualidades y admirables defectos, enamorado me encontraba de su ser, ese ser que me tenia en el arrullo de estrellas que todos anhelan, pero, sabes, se porque fui condenado al infierno, fue porque yo mismo perdí mi alma para que ella encontrara el verdadero camino y ahora me encuentro perdido, loco y sin ganas, pero feliz porque llegaste a donde siempre perteneciste, a ese lugar más allá de las estrellas.

-Salvador Sanchez.

NUESTRO IMPONENTE AMOR

Te encontré en aquel destello que alumbró mi noche y derrochando amor se perdió en ti, y como si te tratases de lo más bello de esta galaxia te arrulles en mi, ahora que estas en mi, en los cráteres de este maravilloso amor me he perdido en ti, búscame cuando amanezca que sediento estaré de tu ser, ese que vuelve al desierto tan cálido, ese ser que te hace nadar entre las estrellas y te muestra galaxias enteras frente a ti, ese ser que arrodillado ante ti hace que estas cicatrices sanen, ese ser que hace que todo aquel que un día ha sentido amor aplauda tu llegada, desde que llegaste el dolor nunca más fue notorio en mi y ahora que estas en aquí llena mi ser de emociones mutuas, esas emociones que en las constelaciones se encontraban perdidas, pero ahora de encuentran frente a nosotros, por el surgimiento de este, nuestro imponente amor.

-Salvador Sanchez.

LO FASCINANTE

No me interesa lo fascinante que se pueda ver la luna con un eclipse, porque lo fascinante a diario lo tengo cuando te veo a los ojos, unos ojos que te muestran las galaxias y unos preciosos lunares que te muestran las constelaciones más hermosas haciendo notar tu sed de amor, con un beso comprendí que necesitaba llenarme de hermosos sentimientos, mientras ella se llenaba de mi amor por ella a diario.

Entendí que la escritura tenía sentido cuando me encontraba a su lado, entendí que los paisajes a su lado se mostraban como las maravillas de la tierra, comprendí que las cascadas derrochaban amor y no solo agua estando a su lado, enterado estaba de que nos necesitamos para vivir y chocando con la felicidad de su increíble amor entendí que ella era la persona con la que mi ser encontraba su conexión y mi mente se volvía loca de emociones.

-Salvador Sanchez.

SOLO ES FUGAZ

Desde tus ojos se notaba la gloria rebosante de una diosa caminando entre esta tierra, desde mis ojos noté que venias buscando la paz que el cielo había perdido con tu partida y hoy que te encontré suspiro recordándote, recordando el rostro de un ángel, que pisando este infértil desierto hacia nacer flores.

Las preguntas retumbarón en mi:

¿Cómo no ser pecador si deseo algo que no es mío?, ¿cómo no morir de amor?, si es por voluntad propia.

Perdido me encuentro desde que probé esos labios sabor a miel, pero todo solo es fugaz y hoy me encuentro buscándote en los atardeceres, aunque se que nunca estarás.

-Salvador Sanchez.

LAS LUCES

Llegaste a mi vida y ahora las luces no solo alumbran mi camino, si no también dan paso a tu esencia, arrasas a donde quiera que vas con esa mirada que penetra el alma de este triste condenado, llevándome al infinito de este gran amor, ¿cómo estuvimos rodando siempre a nuestro alrededor pero nunca nos percatamos qué estábamos ahí?, el tiempo y el lugar nos acechaba y ahora que estamos juntos brindemos porque nuestras sonrisas siempre brillen después de un beso y nuestras pupilas exploten con tan solo vernos de lejos.

-Salvador Sanchez.

ESCOMBROS

Entre los escombros de este gigantesco desprecio parecía haber encontrado el amor en ti.

Buscando la poesía que solía caminar en varias direcciones, note que solo había una chispa de felicidad en tus ojos, pero me deje guiar por aquella sonrisa que me parecía la más preciosa.

Busque entre los recuerdos y note que ya sabía de ella desde mucho antes, encontré aquel amor compuesto por esas miradas que irradiaban calor por doquier, observando el paso de los días note que aquella mirada que me llenaba de amor, ahora solo me daba preguntas.

¿Cómo podré mirarte de nuevo y ser yo quien te tome de la mano?, ¿cómo podré verte y sonreírte nuevamente?, si fuiste tú la que desprecio mis abrazos en todos aquellos inviernos.

No fui yo el que te dejo ir, fuiste tú la que hizo que guardará poco a poco tus maletas de mi mente y se fue volando, ¿quien querría recordar aquellos días buenos?, cuando lo único bueno que ahora tiene mi vida son esta poesía que quedo por siempre plasmada en mi y esos ojos que perforarón mi alma, que aunque rota, ya no te sigue al paraíso.

-Salvador Sanchez.

DOLIÓ

Dolió de nuevo el ver tu foto, dolió como no tienes idea, dolió porque te sigo amando, dolió porque aun no te olvido y es notable el hecho de que nunca lo haré, dolió el escucharte de nuevo sin tenerte, dolió el volverte a escribir, dolió en cada palabra, en cada letra, en cada espacio y signo, dolió el volverte a tener en la mente y escribir tu esencia de nuevo en mis notas, dolió el volver a tenerte frente a mi y no poder correr desconsolado a tus brazos, dolió el saber que ya no me amas y yo sigo perdidamente loco por ti sin ningún hechizo de amor.

-Salvador Sanchez.

COLORES

En mis ojos detonarón los colores más hermosos al verte fijamente, mis pupilas se deleitaban explotando de amor por tu espectacular y bellísimo rostro, derrochabas esperanzas por doquier, eso se notaba en tu caminar, encontrándome iluminado y sediento de ti, solo me quedaba sin habla al verte pasar, porque ninguna chica es tan hermosa como tú, ninguna chica me ha hecho vibrar tanto y me ha dejado hipnotizado buscando su rostro en las estrellas, soñando tus ojos me encontraba y sabía que esta esperanza sería algún día más que un sueño, solo por esos colores que detonarón en mis ojos.

-Salvador Sanchez.

SEGUIRÉ

Te seguiré escribiéndote poesía siempre, seguiré buscándote en cualquier lado, cientos de escritos para ti, muchos libros para ti, moriré pensando en ti, soñaré contigo, iré caminando y tendré tu recuerdo siempre plasmado en mi, esa es mi condena, esa es mi maldición por perder al amor de mi vida, llorare con un recuerdo tuyo en la mente, te sentiré, aunque nunca estés, te recordaré siempre en lo mejor que hago, escribir poesía sin sentir amor.

-Salvador Sanchez.

MI POESIA

Mi poesía se encuentra entre el cielo, pero, oh mi amor, tú te encuentras como diosa en este, mi cielo.

-Salvador Sanchez.

VOY NAVEGANDO

Voy navegando desde tu partida en este barco sin rumbo alguno, a veces me lleva hacia la nada y muchas de las otras veces llego a tierra firme, he imaginado tantas veces bajo la luz de la luna y el resplandor de las estrellas el volver a verte frente a mí, he navegado este barco en busca de las corrientes de amor que según mis instintos has dejado para mí, para seguir tus sueños, para volver a mirar la sonrisa que tanto adoraba, con su resplandor que tanto me hacia suspirar, he dejado de soñar por las noches, puesto que tu recuerdo se encuentra siempre plasmado en mi mente y no hay pensamiento alguno que lo desvanezca, por eso voy navegando, para encontrarte o para olvidarte.

-Salvador Sanchez.

QUIERO OLVIDARTE

Quiero olvidarte, borrarme tu sonrisa de la mente y soltarme a llorar porque ahora solo eres un recuerdo más, no quiero sentirte nuevamente, quiero nadar en este río sin cansancio, quiero beber agua de esa fuente sin costo alguno, quiero ser libre nuevamente sin pensarte, sin soñarte…

Sin tenerte.

-Salvador Sanchez.

ESTA TRISTE NOTA

Sígueme al rincón de esta alma que se encuentra triste, sígueme al rincón de la luna en donde se quedó nuestro amor plasmado, sígueme para redimir de nuevo nuestro amor, búscame en las noches de esta tu vida en donde las estrellas explotan tu partida, búscame en el ser, en el existir, búscame en la tregua de esta triste nota que nunca más será modificada para hablarte de amor.

-Salvador Sanchez.

NO VOLVERÉ A BUSCARTE

No volveré a buscarte de nuevo, el destino me pateo al verte nuevamente y está bien, entendí que, aunque sigues siendo mi sol, ya no resplandecerás más en mis días, entendí que, aunque te amo, ya no es contigo, entendí que tengo que buscar unos soles más hermosos en otros ojos, buscaré una persona que me pueda dar respuestas sin preguntas.

O

Solo me sentaré a esperar el amor que siempre soñé, un amor que me llevé a las estrellas.

-Salvador Sanchez.

EL AMOR NO ES PARA TODOS

Comprendí que el amor no es para todos, que cualquiera puede amar pero pocos saben sostener y cuidar ese amor, comprendí que lo que llamamos amor solo es un conjunto de pensamientos los cuales suelen esfumarse o marchitarse con el hoy y el ayer, entendí que lo que llamamos amor solo es un desperdicio de la vida, que te puede patear las veces que sea, que puede lastimarte, ahorcarte o hacerte alucinar, entendí que lo que llamamos amor, a veces es fugas y si una persona es para ti vuelve en uno o en cien años, o talvez esta vida solo fue para recordar su rostro y poder hacer las cosas bien en la siguiente, comprendí que el amor a veces no es correspondido, entendí que el amor no es para todos.

-Salvador Sanchez.

HE DEJADO DE BUSCARTE

He dejado de buscarte, aunque se me parta el corazón con tu recuerdo, he dejado de ver a las demás personas, pues solo alucino tu rostro en ellas, he llegado a entender que eres la persona que necesito, porque anhelo el verte de nuevo, pero ya no me perderé más en tu mirada, la mirada de la persona que tanto ame, de la persona que seguí por siempre, ya no te buscaré para llenarme de tu amor nunca más, ya no te llamare por las noches cuando me sienta solo.

El orgullo me ha pateado el alma, la cual se encontraba rota desde tu partida, y este llanto no sucumbía, aunque sabía que no volverías más, ya no te buscaré en mis sueños y mucho menos en estas hermosas estrellas, ya no te buscaré en mis campos de girasoles.

-Salvador Sanchez.

AL MENOS NO, EN ESTA VIDA

RECUERDOS DE TI.

¿Cuantas veces lloré por tu amor?, obviamente son más de las que me sentí feliz a tu lado, es cierto lo que dicen por ahí, una persona enamorada tiene que explotar de amor, no llorar por el y no lo entiendes hasta que tus ojos se encuentran rojos de tanto llorar, no lo entiendes hasta que se va, porque el amar, no es para cualquiera, porque el sentirse cómodo cualquiera lo siente, porque no todos notaran tu brillo, hasta que miren que tu sonrisa es de alguien más, porque el estar enamorado no significa que sea el amor de tu vida, al menos no, en esta vida.

-Salvador Sanchez.

RECUERDOS DE AQUEL AMOR

Desde hace años me encuentro enamorado de ti, lose porque por años te he buscado en las estrellas, buscando encontrando tus ojos en las constelaciones, lose porque no dejo de suspirar tu nombre en mis tardes y tus lunares son mis guías, lose porque te he imaginado un millón de veces en las caras de los demás, mi mente tiene idea que no te verá más, pero mi corazón sigue palpitando los recuerdos de aquel amor que siempre se quedarán plasmados en mi.

-Salvador Sanchez.

QUÉDATE A MI LADO

Bésame con tu mirada tan penetrante que me hace suspirar los recuerdos de aquel amor que tanto adoraba, bésame con tu mirada una vez más, que anhelo una última vez tu vuelta, bésame sin parar una vez más que quiero tener mis labios pegados a los tuyos cuando este mundo acabe, bésame y quédate a mi lado, que yo por tus besos sabré vivir mil años más solo por ti.

-Salvador Sanchez.

HE PENSADO EN TI

He pensado en ti desde la última vez que te vi, ¿seguirás con la sonrisa tan radiante que creaba un orgasmo de emociones en mi mente?, ¿seguirás brillando cómo la última vez y creando que mis pupilas exploten cuando te vean?, ¿seguirás tan radiante y llena de luz ante mis ojos cuando te vuelva a ver?, ¿seguirás soñando mi ser?, sabes, he pensado en ti cada día de esta maldita vida, he pensado en ti en el trabajo, en camino a casa, por las noches, en mi insomnio y hasta en mis sueños te encuentro, quiero que ya no seas más una alucinación en esta mi vida, quiero tu vuelta, anhelo tu respirar en mi, quiero verte brillar nuevamente junto a mi, quiero darte un abrazo que me llenes de tu perfume y darte los besos en la frente que tanto adoraba, quiero que vuelvas a mi una vez más, para volver a ser yo, y brillar siempre y más nunca sin ti.

-Salvador Sanchez.

Y AQUÍ ME TIENES

Y aquí me tienes llorando más que una nube cargada de agua, aquí me tienes lleno de lamentos por tu adiós, arrepentido por no saber valorar tu amor, aquí me tienes, sediento de ti, hambriento de tu ser, llorando de rodillas a tus recuerdos, aquí me tienes y siempre me has tenido, lamentando tu partida, haciéndome creer que eras mía, suspirando el amor que tanto soñé a tu lado.

Y aquí me tienes.

Escribiéndote nuevamente en mis notas.

Y aquí me tienes.

arrodillado ante ti, rogando tu vuelta, todo, por aquel, mi estúpido: "adiós".

-Salvador Sanchez.

TUS FOTOS

Hoy he quemado tus fotos, pero, no pude terminar, me quedé con una, talvez para recordar los buenos momentos o talvez porque no tuve el valor de olvidarte por completo.

-Salvador Sanchez.

MUY TARDE

Te sigo extrañando y no se trata solo de recuerdos, estoy seguro que estoy enamorado de ti, porque solo pienso en ti y no solo recuerdo los buenos momentos, se que sigo haciéndote mal o haciéndome mal, pero, quiero estar contigo y creo que lo comprendí muy tarde.

-Salvador Sanchez.

HECHIZO DE AMOR

Me hiciste recordarte solo por una palabra que salió de la boca de otra persona, la escuché en la calle y sonreí, en realidad no sé por qué, no sé, si sonreí con nostalgia o con rabia, no te he visto desde aquella vez y es bueno para los dos, no te he visto desde aquella vez y ya no lo necesito, aunque si me gustaría decirte un par de palabras, no lo niego, necesito preguntarte primeramente que es lo que me hiciste, estuve meses y meses tratando de olvidarte pero no me era posible, estuve meses y meses tratando de encontrarte y no me fue posible, todo esto será obra de algún hechizo de amor o solo me enamoré perdidamente de ti, reconozco que juntos brillábamos, pero, ¿por qué no me buscaste cuando me fui?, ¿por qué no me llamaste?, ¿por qué solo me dejaste ir así?, será alguna maldición que mi ser tiene atado o solo fue una vez más el karma diciendo: "Amarás a quien no te ama, por no haber amado como lo dijiste", suena algo lógico, pero me rompe el corazón, tiene coherencia, pero, ¿por qué tiene que ser así?, en realidad ya no me lo pregunto, y es bueno, pues en este momento ya no me encuentro dolido, en este momento ya no me encontró bajo tu hechizo de amor.

—Salvador Sanchez.

PASA EL TIEMPO

Pasa el tiempo y no te olvido, pasa el tiempo y envejezco con tu recuerdo plasmado en mi, pasa el tiempo y tu luz no se opaca, pero si extingue la mía, pasa el tiempo y tu olor se va de mi, pasa el tiempo y te sigo amando igual que la última vez.

Pasa el tiempo

y sigo suspirando tus recuerdos.

-Salvador Sanchez.

ASÍ LO QUISO EL DESTINO

Te fuiste de mi y así lo quiso el destino, te fuiste mi, dejándome la pérdida más grande de mi vida, te fuiste de mi y esta bien, ya no tendré más sueño rotos, sólo un corazón hecho pedazos y aunque te sigo amando, nunca más volvería a ti, no volvería a romper mis esperanzas por ti, ni volvería a caer al barro del cual me costó tanto salir, no volvería a ver tus ojos para perderme en ti, me fui de ti aún amándote y es bueno, me fui de ti y ahora ya no hay sol sobre mi campo de girasoles.

Pero aun así florecen.

-Salvador Sanchez.

ESPERO

Espero que algún día te des cuenta del tanto amor que sembré en estas infinitas hectáreas de sentimientos por ti, esas infinitas hectáreas de amor que regué a diario con chispas de esperanzas para ti y espero que no te des cuenta tarde, porque recuerda que de la chispa viene la llama y está siembra de versos marchitos, escritos para ti, son el lugar perfecto para que el fuego lleno de tristeza arrase imparablemente en este, mi colapso de emociones por tu partida.

-Salvador Sanchez.

UNA VIDA ENTRE ESTRELLAS

Me he pasado la vida buscando deslumbrar más que el mismo sol, solo para verte sonreír, me he pasado la vida girando alrededor de ti, para captar tu atención, pero nunca es así, me he pasado la vida entre estrellas perdiendo su resplandor solo por perderme en ti y no me había dado cuenta que me he perdido entre las galaxias solo por no seguir tu resplandor y está bien, así podré vivir la vida que siempre soñé, una vida entre estrellas.

-Salvador Sanchez.

MIENTRAS TE ESPERO

Lamentablemente la madurez llego tarde a mi vida, me di cuenta tarde que te quería y no tiene lógica.

Sigo luchando aquí por ti y me quedaré un rato a esperar si quieres mi amor de vuelta, me quedaré a esperar el volver a suspirar tu nombre saliendo de mi boca lleno de amor dirigido a ti, me sentaré en esta silla a esperar por ti, esperando que nadie más llegue por mi, mientras te espero.

-Salvador Sanchez.

¿QUÉ PUEDO HACER PARA QUE TE ENAMORES DE NUEVO DE MI?

Se ilumina mi ser solo con tu recuerdo, ese recuerdo que bastantes veces me hizo caer al piso lleno de dolor, ese recuerdo que no se desvanece y te quebranta siempre dejando solo un corazón roto en esta basta tristeza, pero, ¿por qué sigo cayendo a tus pies?, ¿por qué sigo rogando el amor que yo mismo dejé ir?, ¿por qué sigo enamorado de ti después del imparable dolor que creaste en mi?, dime, ¿qué puedo hacer para olvidarte?, o bien, mejor dime, ¿qué puedo hacer para que te enamores de nuevo de mi?.

-Salvador Sanchez.

YA NO HABRÁ MÁS GIRASOLES PARA TI

Ya no habrá más girasoles para ti, tus malas acciones hicierón que se marchitaran cada una de las palabras que fuerón escritas en aquellas cartas para ti, quema ese recuerdo de tu mente, mientras arrojas ese pequeño detalle a la hoguera de sentimientos que ahora arder en este fuego, que fue creado solo por ti, déjame sentir tu desprecio en cada verso que brota de mi boca hacia mis notas, pero no vuelvas más, no vuelvas como la última vez solo a reprocharme lo que se que te hice sentir, no vuelvas a reprocharme en cara que ya me olvidaste, porque se que no es así, aun lloras con mis recuerdos, se que aun sueñas con mi amor, porque sé que di lo mejor de mi, aunque nunca lo entendiste, solo espero que entiendas, que ya no habrá más girasoles para ti.

-Salvador Sanchez.

QUIERO VER DE NUEVO

Quiero ver de nuevos esos ojos color café, que tanto admiraba en aquellos días que estabas a mi lado, quiero ver de nuevo esa sonrisa que con tanto amor se dirigía a mi, quiero nuevamente estar recostado en tu pecho, con tu olor en mi ser, para volver a ser yo.

-Salvador Sanchez.

CRÉEME

Sabes, para mi, una persona que nunca recibí amor, créeme que todo lo que hice ante mis ojos estuvo bien, y créeme que te di todo, trate de hacerte siempre feliz, pero el pensar me mataba a diario y tú no ayudabas, solo me seguías hundiendo y créeme que también traté de enterrarte en este abismo que se encuentra lleno de odio, pero no puedo odiarte, eso no es lo mío, lo mío es el saber que estás bien y que puedo vivir sin ti, también créeme que tu desprecio ya no corromperá más mi mente, solo los recuerdos me tendrán atado a ti.

Créeme, estaré bien sin ti.

-Salvador Sanchez.

EL SOL Y LA LUNA

Creíamos que éramos el sol y la luna por las historias de amor que se escuchaban por ahí sobre ellos, pero en realidad fuimos el sol y la luna porque nunca pudimos coincidir, porque nunca pudimos estar juntos por un largo tiempo, porque solo en los eclipses nos besábamos y nunca pudimos estar juntos, porque nuestro amor fue a ratos, nos deseábamos tanto que el amor exploto y no pudimos hacer más nada, solo esperar el volver a vernos de nuevo.

Para ser más nada, un simple olvido.

-Salvador Sanchez.

BAJO LA MISMA LUNA, BAJO EL MISMO SOL

En nuestros brazos siempre nos encontrábamos seguros, jurábamos que nos amaríamos por siempre como el sol ama a la luna, los latidos de nuestros corazones daban el mejor latido solo por encontrarnos juntos, las melodías se podían oler a kilómetros solo para mantenernos en calma, éramos amores imparables por donde quiera que nos encontráramos, pero todo tiene un fin, no se, si es que fuiste tú o es que fui yo, pero todo acabó, ahora solo nos encontramos desdichados de amor caminando sin rumbo alguno en este universo de tristeza, para nada es bueno sufrir por amor, pero por ahora solo somos polvo de estrellas y algún día nos volveremos a encontrar, bajo la misma luna, bajo el mismo sol.

-Salvador Sanchez.

LO QUE NUNCA TE DIJE

Cuando llueve es porque le cuanto de ti al mundo y el cielo llora lo
que nunca te dije.
Y sabes...
Ahora me encuentro roto, talvez un tanto agobiado y no entiendo el
por qué, solo se que tengo que decirte, eso que nunca te dije.

Nunca te dije que lloraría por tu recuerdo cada noche imaginando
que algún día volverías, nunca te dije lo tanto que te necesitaba para
que cuando te fueras, no volvieras, nunca te dije lo tanto que te
llegue a adorar y los tantos versos que pasaban por mi mente solo
por verte sonreír, nunca te dije que cuando te tenia en mis brazos
eras la paz vuelta carne, nunca te dije que siempre estaré enamorado
de ti, nunca te dije que imagine nuestra boda más de una vez, pero
tampoco te dije que lo que más amaba de ti eran tus ojos, nunca te
mencione que el físico nunca me llego a importar, nunca te
mencione que te amé con todo mí ser, y nunca te diré lo tanto que
aun te amo, nunca te dije que cada vez que te veía me enamoraba
nuevamente de ti, nunca te dije que eras la luz en este mi campo de
girasoles, nunca te dije lo tanto que llegue a asombrarme de ti, pero
tampoco te dije lo tanto que llegue a adorarte, nunca te dije lo que
llegue a pensar de ti, nunca te dije lo orgulloso que estaba de ti,
nunca te dije que te llevaba siempre en mi cartera y en mi corazón,
nunca te dije y nunca te diré que me volví dependiente de ti, nunca
te dije que eras y serás el amor de mi vida, nunca te dije que
llegarón nuevas personas, pero tú siempre las opacabas, nunca te
dije que te alucinaba en todos lados después de tu partida, nunca te
dije la película llena de fantasías que se creaba en mi mente al verte,
nunca te dije que eras y serás siempre mi eterno gran amor, nunca te
dije que eras los sueños en las noches de amor, las golondrinas en

aquella boda que nunca tendremos, la felicidad de los niños abriendo regalos.

Nunca te dije la falta que me harías, nunca te dije que nunca llegaría nuevamente alguien como tú, nunca te dije que eras la luna en su máximo resplandor y yo tu sol en el verano, siempre abrazado a ti, pero perdidamente loco, por perderte cuando llegue la noche, nunca te dije, pero sabía que te irías, nunca te dije, pero sabía que algún día estaría escribiendo esto, nunca te dije por miedo a perderte y quedarme solo, nunca te dije por miedo a que nuevamente mi ser lleno de ilusiones tenga esperanza de volver a estar contigo.

Aunque sabes…

Tampoco nunca te dije lo malo que pasaba por mi mente cuando noté lo que hacías.

Nunca te dije y eso es lo que me mataba adiario, creo que algunas veces lo mencione, pero tú nunca llegaste a entender aquel amor que brotaba por mi ser lleno de miedo y nunca te dije que si me podías abrazar por última vez por miedo a el rechazo que me provocaría tu ser lleno de malas intensiones y nunca te dije lo tanto que te amaba cuando te volví a ver y ahora que soy consiente que te he perdido, nunca te diré lo perdido que yo estoy.

DESDE TU PARTIDA

Te he escrito cada día desde tu partida, te he escrito cada día desde que ya no estas, porque te sigo amando y es innegable el hecho de que te recuerdo siempre, de que no quiero a nadie más, es innegable el hecho que desde que te fuiste ya no hay más sol sobre mi campo de girasoles, es inevitable que lloré por ti, cuando aún te extraño, es tonto el que te siga queriendo buscar después de tanto tiempo, es tonto, pero tiene sentido, tiene sentido que te siga llorando pues me fui amándote, tiene sentido que te siga alucinando, pues seguimos bajo el mismo cielo, sobre la misma tierra.

-Salvador Sanchez.

MI DESCANSO

(Ll)ámame cuando quieras.
Cuando sientas frío en los huesos, ese frío que solo se quita con mis brazos.

(Ll)ámame cuando sientas hambre, hambre de quererme comer a besos.

(Ll)ámame cuando sientas que el mundo se va a bajo, ese mundo que tú y yo construimos entre veredas de infinito amor, ese mundo que se desgarro con tu huida, la cual se volvió mi descanso lleno de angustia.

(Ll)ámame cuando quieras volver.

-Salvador Sanchez.

¿ME DESPRECIAS?

Entre la brisa y los pequeños rayos de sol, logré notar tu silueta, corrí a ti arrepentido por todo lo que había hecho, corrí a ti porque te amo con todo mi corazón y anhelaba con todo mi ser el volver a verte, corrí a ti para estar arrodillado ante ti y rogar tu vuelta, corrí a ti entre bosques, entre lagos, entre el fuego creado por el mismo dolor que provoque, después de todo estoy aquí, estoy aquí para rogar un beso o un abrazo de nuevo, estoy aquí pidiendo tu vuelta con el corazón quebrantado, pues solo tú podrías pegarlo con ese pegamento de amor que solo tus "Te amo" pueden dar, atrapa mi alma y únela nuevamente a mi, con un abrazo, déjame verte, pero para ello primero quítame este profundo desprecio que sega mis ojos.

-Salvador Sanchez.

YA ERA TARDE

Cuando comprendí que realmente estaba enamorado de ti, ya era tarde, sabía que te dejaría ir porque el amar siempre se me ha dado pero el miedo al rechazo nunca se esfuma, aunque en este momento solo me encuentro escribiendo versos y incluso un libro entero de tu partida, no se llena este vacío que dejaste, ese vacío que se siente entre el estómago y el corazón, ese vació que no se llena con cualquier amor, un vacío que quebranta mi alma y llena mis ojos de lágrimas cada noche con tu recuerdo, aunque no todo es malo desde que te fuiste la poesía fluye mejor en mi, pero eso tampoco es bueno, en cada verso de este libro que he escrito para ti puedo notar y encontrar tu nombre en cada oración, con cada verso que te he escrito se ha evaporado mi alma y sabes, no tienes idea de como se siente escribir un libro que no puedes leer sin que se te quebrante el corazón, pero, tampoco tienes idea de la falta que me haces y de lo loco que me estoy volviendo por tu falta de amor.

-Salvador Sanchez.

MI ÚLTIMA CARTA A TI

Sabes, aun duele el escribirte y suena tonto después de un largo tiempo, pero tengo que decirlo, decirte que nunca me diste motivos para quedarme y aunque te amaba y adoraba como nunca lo había hecho, te hice irte, me fui porque te amaba con todo mi ser, suena tonto, pero fue por ello, me fui porque sabía que la dependencia no es lo mío, me fui porque dolías, oh si, como dolías, me fui porque solo te pedí una explicación y nunca me la diste, me fui por que te amo, si, aun te amo y sabes, han llegado personas pero ninguna llena este hueco, han llegado personas pero ninguna me hace volver a suspirar su amor, han llegado personas pero ninguna es como tú, no digo que busque tu reemplazo, pero ninguna persona tiene tu brillo, no lo tomes como un alago pero nadie será como tú, nadie me abrigara de carisma y me llenara de esperanza, nadie me sostendrá en esta caída, pero es bueno, podré caer en paz sin estrés por las preguntas que creabas en mi cabeza y no dabas respuesta, podré nadar sin cadenas, pues ahora me encuentro libre en este mundo, podré seguir, aunque sin tu amor las ganas se fuerón, pero pronto llegarán.

-Salvador Sanchez.

PERDÓN

Te quiero pedir perdón, perdón por siempre llegar tarde a verte, perdón por no darte todo el tiempo que necesitabas, te quiero pedir perdón por no haberte entendido, te quiero pedir perdón por aquella boda que siempre me imagine contigo y ahora solo es algo tonto en mi mente, te quiero pedir perdón por todo lo que te hice sentir y luego yo mismo hice que se esfumara, te quiero pedir perdón por no poder ver las estrellas recostado a tu lado en el mar, te quiero pedir perdón por ser solo un peón en tu vida.

-Salvador Sanchez.

HUECOS

Aunque te escribí un libro entero, aun quedan huecos que lloran tu amor entre cada letra, entre cada espacio se encuentran tus parpadeos.

Derroche miles de sentimientos por ti y aunque ya no estas, no encuentro el de resignación, aunque juré miles de veces el no volverte a escribir, aquí estoy.

Mírame, aún sigo aquí perdido por los ojos que me hicierón ver el cielo cada vez que me perdía en ellos, aún sigo aquí perdido por la sonrisa que tanto ame algún día, sigo loco por volverte a ver, sigo sediento por volverte a tener, sigo aun amándote.

Sigo esperando que nos volvamos a encontrar cerca de tu cielo por el camino a las estrellas y mirarte, solo mirarte frente a frente nuevamente y volver a sentir como mi alma vuelve al cuerpo.

Solo por tu sonrisa me quede atado a ti y esa es una gran razón para quedarme, así que cuando me vuelvas a (ll)amar, aquí estaré, que yo por ti esperaré, esperando que nadie llegue por mi, en aquel rincón del cielo, por el camino a las estrellas.

-Salvador Sanchez.

UN TE AMO SE PUEDE DECIR DE CUALQUIER MANERA

Me enamoré de unos ojos que gritaban te amo cada vez me miraban, me enamoré de una sonrisa que solo se dirigía a mi y aun así la deje ir, porque un te amo se puede decir de cualquier manera.

Hasta dejando ir.

-Salvador Sanchez.

ESTARÁS MEJOR SIN MI

Necesitaba verte nuevamente, llenar mi ser de amor por ti y aunque ya no estarás, me siento completo, completo por ya no seguir segado por tus ojos, completo por besarte en la frente y volver a abrazarte, necesitaba volver a tenerte frente a mi y entender que, aunque te amo, estarás mejor sin mi.

-Salvador Sanchez.

NO TE OLVIDE

No te olvide, solo deje de pensarte, de tenerte, de mirarte, deje de mirarte en el humo de los cigarros que fumo adiario por tu ausencia, deje de alucinarte en los rostros de las demás personas por mi falta de ti, dejé de buscarte en las nubes, deje de beberte en el agua de este río que solo me llevaba a ti, dejé que mi amor disminuyera poco a poco, dejé de pensar tu rostro, pero no son cosas que se lleven en el pensamiento, si no, en el alma, en el alma llevo tatuados tus "Te amo", llevo cadenas que se encuentran atadas a ti, llevo tus besos aun en mis labios y tu ausencia bien plasmada en mi, pero los días pasan y aun escribo para ti, al final de todo no te he olvidado para nada, solo te recuerdo un poco menos a ti.

-Salvador Sanchez.

EL ULTIMO ADIÓS

Desde que deje que te marcharas de mi vida siento un enorme hueco en ella, las estrellas no tienen brillo en su ser, ni la luna se refleja en el mar, he creado un mar de lágrimas solo por ti y no basta por el daño que te hice, en cada escrito esta tu esencia, en cada recuerdo vive tu amor, navega mi balsa y déjala varada en cualquier lugar, que por tus recuerdos yo sobre buscar en cualquier orilla, porque aunque este desconsolado en los atardeceres de este amor que más pronto que tarde se marchara de mí, yo seguiré sediento de tu ser…

Ese que se llevó mi vida entera, con solo un último:
"ADIÓS".

-Salvador Sanchez.

GIRASOLES MARCHITOS

Girasoles marchitos con esta triste vista color violeta, porque deje de comprenderte cuando estabas a mi lado y ahora que tu ausencia está plasmada en mi, toma mi mano con cada suspiro ya que mis ojos rojos se encuentran de tanto llorar, es verdad que cuando te marches no sabrá más que hacer, pero vete en este atardecer que naranja con rojo ilumina mis ojos, para ser por siempre nunca más, tu eterno gran amor.

Y así como murió mi amor, también se marchitarón todos aquellos girasoles que rodeaban tu alrededor y ahora todo lo que veo cuando intento pensar en ti, solo son girasoles marchitos con una vista empapada de color violeta.

-Salvador Sanchez.

Me despido de ti, aunque duela.

Todas las historias terminan, por ello, Me despido de ti, aunque duela.

Me despido haciendo esta última nota a ti, claro que te ame como no tienes idea y este libro fue dirigido a ti desde el principio, hasta el final, tu nombre en cada hoja puedes encontrar, nuestro aroma entre cada palabra estoy seguro que te hizo suspirar el amor que algún día tuvimos, ese amor que se desgarró con el tiempo, ese amor que hará llorar al mundo, ese amor que ya no se espera, ese amor que solo dejó recuerdos.

Te seguía amando hasta la fecha y no llegaba el motivo para olvidar tu amor, sigo sediento de ti, pero seguro estoy de que ya nunca más tomaría de tu cascada, es más que obvio que sigo queriéndote comer besos y puedes notarlo en cada palabra o con el suspirar de mi aliento, sigo buscándote en los atardeceres, bajo la luz de la luna, bajo la luz del mismo sol, pero ahí nunca estás, ya nunca estás para devolverme al paraíso, para darle un motivo más de felicidad a mi vida o solo para volver a hablar de amor, nunca estás porque te marchaste para nunca regresar y yo me quede solo, aún enamorado de ti.

Y está bien...

RECUERDOS DE TI.
-SALVADOR SANCHEZ.

Está bien, porque ahora todos los momentos que vivimos solo son mis recuerdos, esos recuerdos que me hacen suspirar y no me dejan morir de amor, recuerdos que llevo plantados en la memoria como todos aquellos girasoles que nunca te di, fascinantes y dolorosos recuerdos que me permitieron ser el autor de este maravilloso libro, todos aquellos recuerdos que junto se quedaran siempre plasmados en mis
"Recuerdos de ti".

-Salvador Sanchez.

Fin del libro.

¡Gracias por leer mis Recuerdos!

Pero no de mis recuerdos.

RECUERDOS DE TI.
-SALVADOR SANCHEZ.